T0245826

Líbrate del miedo

CRISTINA GUTIÉRREZ LESTÓN

Líbrate del miedo

Estrategias para afrontar tus temores
con inteligencia emocional

Grijalbo

Penguin
Random House
Grupo Editorial

Primera edición: octubre de 2023

© 2023, Cristina Gutiérrez Lestón
Los derechos de la obra han sido cedidos mediante
acuerdo con International Editors' Co. Agencia Literaria
© 2023, Penguin Random House Grupo Editorial, S. A. U.
Travessera de Gràcia, 47-49. 08021 Barcelona

Printed in Spain – Impreso en España

ISBN: 978-84-253-6521-8
Depósito legal: B-13.703-2023

Compuesto en M. I. Maquetación, S. L.

Impreso en Black Print CPI Ibérica
Sant Andreu de la Barca (Barcelona)

GR 6 5 2 1 A

A Alexandra y Sergi, mis queridos hijos

Y por fin los humanos bajamos de nuestro pedestal y nos damos cuenta de que sí, somos vulnerables, y es fácil herirnos incluso cuando llevamos puesta nuestra gruesa armadura, esa que disimula cualquier sensibilidad.

Índice

TERCERA PARTE
Recursos para regular el miedo

Introducción

Entrar en la habitación desordenada

> Que el autoengaño en el que nos educaron, el de disimular y hacer ver, no nos confunda.

Estoy aquí sentada, escribiendo sobre el miedo, y confieso que me resulta muy fácil si pienso en estos últimos años adversos que estamos viviendo: la pandemia que paralizó el mundo, el cambio climático que se acelera por momentos, las sucesivas y sorprendentes crisis (económicas, de materias primas, de energía...), los conflictos bélicos en diferentes continentes. Parece que el mundo quiera darnos una buena lección a los humanos, poner en jaque nuestra seguridad y nuestras férreas creencias haciendo tambalear valores que creíamos sólidos y que, aun así, se han venido abajo cual castillo de naipes.

Ante todas estas circunstancias, lo cierto es que yo, investigadora del funcionamiento de las emociones, profesional de la Educación Emocional y experta en entrenar Competencias

Emocionales con niños y niñas, jóvenes y adultos desde hace más de veinte años, he sido una víctima más de la gran influencia de esa emoción llamada MIEDO.

La COVID-19 trajo consigo un cambio de paradigma que convirtió nuestro día a día en terreno abonado para el temor, una autopista directa hacia la emoción del miedo que campó a sus anchas en la mente y el cuerpo de prácticamente todos los habitantes del planeta. Y, desde entonces, parece que no hay tregua, porque sigue pasando de todo, desde catástrofes naturales hasta crisis de todo tipo.

Es bueno parar y ser conscientes del poder que ostenta esta emoción, y lo difícil que es conseguir que nos deje en paz, sobre todo cuando la hemos sentido en demasía, pues tiene una enorme influencia en nuestra manera de pensar y en nuestro comportamiento. Y porque, además, solo así podremos aprender de los errores y no repetir lo que hicimos bajo su influencia (en especial si no nos gustó).

Paz (*pax*) significa «periodo de estabilidad, pacto y unión». Es la ausencia de pelea o conflicto y comporta armonía, seguridad, serenidad y calma. Lo cierto es que **cuando sentimos miedo, desaparece la paz y todo lo que ella conlleva** (la estabilidad, la sensación de confianza y de seguridad…), y surgen con facilidad el conflicto y la toxicidad. De ahí que sea vital hacer algunos pactos con nuestros miedos. También es lo que motiva el título de este libro, que por cierto me inspiró Joan, un niño de nueve años al que escuché decir a su compañero Marc, que no se atrevía a subir al rocódromo: «¡Cuando lo haces, el miedo te deja en paz!». Y funcionó, porque Marc no solo consiguió subir, sino que además tocó con orgullo la campanilla situada en lo alto. Deseo de todo corazón que este libro también te ayude a conquistar tus temores para lograr la tan necesaria paz interior, esa dimensión de la felicidad que nos permite sentir tranquilidad mental y suficiente comprensión y conocimiento para mantenernos fuertes y enteros frente al desequilibrio del mundo.

Ante circunstancias adversas, el miedo hace acto de presencia al instante, pues su misión es no dejarnos tranquilos; se instala con su narrativa catastrofista en nuestra cabeza hasta lograr apartarnos del peligro, del real, pero también del imaginario. Su trabajo consiste en protegernos para que sobrevivamos como especie, por lo que ante una posible amenaza cumple con su tarea: paralizarnos, asustarnos y amedrentarnos. Sin embargo, ¿cuál es el precio que tendremos que pagar?

La emoción más potente que sentimos los humanos se llama miedo, pero ¿qué es el miedo y cuál es su verdadero poder?, ¿qué pasa cuando no nos deja en paz, es decir, cuando nos mantiene en estado de alerta, dominándonos hasta tomar él las decisiones?, ¿cómo nos afecta vivir con temor a nivel físico y mental, en casa o en el trabajo? ¿O qué le pasa a nuestro cerebro cuando vivimos con miedo? Cuando no tienes prácticamente ninguna respuesta para las preguntas que te haces, ¿qué sientes y cuáles serán las consecuencias? Y cuando el miedo influye a nivel global, ¿qué factura tendrá que pagar sociedad?

Es importante ser conscientes de que uno de los efectos de haber vivido una pandemia mundial con más de seis millones de muertos o una guerra de cerca, por poner otro ejemplo, es que nos predispone a sobrevivir, a sobrevivir como sea. Como no he vivido una guerra, utilizaré el ejemplo de la pandemia. Lo cierto es que me resulta fácil recordar cómo en pocas semanas nuestro confortable país pasó a estar en una especie de «estado de guerra», sin tiempo y a veces sin ánimo para gestionar emocionalmente los impactos que estábamos viviendo (nueva organización en el trabajo, vivir encerrados, conflictos en casa, la muerte de familiares o conocidos, estar enfermos y no disponer de atención médica debido al colapso, etcétera), que eran tantos y tan intensos que al final tratabas de avanzar como podías, aparcando cosas y metiendo lo que sentías en una mochila, esa que solemos cargar a nuestra espalda.

Todos tenemos esa mochila, **una habitación desordenada** en la que metemos todo aquello pendiente de reflexionar, de hablar o de perdonar, y **en la que escondemos los cristales rotos** de cuando nos rompieron el corazón, de cuando sentimos que nos derrotaron o, incluso, de cuando no vivimos el duelo tras la pérdida de alguien o de algo que fue importante.

Pero demasiadas veces pasamos de largo ante nuestra caótica habitación. Nos comportamos como la mayoría, **disimulamos haciendo ver que todo está bien**. La hiperocupación, eso de estar siempre liadísimos, nos viene genial porque es la excusa perfecta para no tener que abrir la puerta, hasta que notamos algo bajo nuestra piel, algo que solo nosotros percibimos en la oscuridad y el silencio de la noche, y es que no nos sentimos bien. Es cuando nuestra alma se siente rota o herida y el corazón nos pide que resolvamos nuestros asuntos pendientes. Pero ¿en cuántas ocasiones no nos atrevemos a abrir esa puerta por puro miedo?

Y, de repente, en esta sociedad de aceptado disimulo y mentira en la que vivíamos cómodamente, todo cambió en un abrir y cerrar de ojos, primero con la llegada de la COVID-19 y luego con lo que vino después, llenando nuestra habitación desordenada con lo que íbamos sintiendo ante lo que veíamos en la televisión o lo que vivíamos en directo y no sabíamos gestionar; hablo de la rabia, la frustración o el desánimo que queríamos seguir disimulando a toda costa. Hasta que nos dimos cuenta de que la mayoría teníamos la habitación repleta de asuntos por resolver y que no cabía nada más. Asusta intuir que estamos a punto de desbordarnos, ¿verdad? Sobre todo si tenemos encima el peso añadido de un contexto mundial adverso.

Las tres reacciones habituales ante las habitaciones oscuras y poco ventiladas que acostumbramos a tener bien ocultas son: seguir disimulando, es decir, cerrar la puerta y pasar de largo; atrevernos a entrar para ordenar durante un ratito; y, por último, entrar y hacer limpieza general.

Si queremos gestionar nuestra habitación del disimulo, te invito a hacerlo en tres pasos:

1. **Tomar consciencia, darnos cuenta de que todos y todas tenemos esa habitación.** No debemos avergonzarnos ni sentirnos culpables, es un proceso humano natural, **recurrimos a la anestesia emocional** porque nos ayuda a seguir adelante cuando somos incapaces de solventar ese obstáculo. Al dejarlo ahí aparcado, nos damos tiempo para recuperarnos. Y así, cuando el dolor sea menos intenso o hayamos recobrado las fuerzas, despertar de nuestra anestesia y retomar el conflicto para resolverlo (por ejemplo, con una conversación calmada y asertiva). El problema viene cuando acumulamos, es decir, cuando guardamos pero no finiquitamos temas, tal vez por temor a revivir el dolor, o por dejadez, o por falta de tiempo, o por una baja autoestima, o simplemente porque nadie nos enseñó cómo hacerlo.

2. **Entender qué escondemos** en esa habitación: algo que nos dolió y tratamos de obviar, una injusticia que cometimos y nos olvidamos de pedir disculpas, aquello que vivimos e intentamos borrar o, tal vez, algo que nos obligaron a aceptar pero aún nos cuesta. Entender por qué lo tenemos ahí dentro nos permitirá realizar alguna acción (a veces una simple llamada de disculpa), y **eso nos ayudará a abrazar el pasado sanándolo**, además de conocer mejor quién habita bajo nuestra piel, convirtiéndonos posiblemente en personas un poquito más sabias y con más estabilidad emocional.

3. **Regular todas esas emociones encerradas que nos están dirigiendo**, aunque creamos que por tenerlas bajo llave no influyen en nuestra manera de pensar y de comportarnos. Y esta es la gran mentira que, en mi opinión, este mundo con constantes crisis acabará destapando. La habitación oscura solo lo es para uno mismo, pues para los demás es fácilmente visible.

Que el autoengaño en el que nos educaron, el de disimular y hacer ver que todo está bien, no nos confunda.
Son muchas las emociones negativas que suelen habitarnos tras vivir una experiencia traumática, ya sea una pandemia global, una guerra o una crisis mundial, siendo el miedo la reina suprema. Conocer cómo funciona esta emoción, sus trucos y el poder que ejerce sobre nosotros es una ventaja, y **ser consciente de que está ahí es el primer paso para que el miedo te deje en paz**, es decir, para recuperar el equilibrio y volver a coger el timón de ese barco que es tu vida y que el temor, tal vez, te ha arrebatado durante un tiempo.

Por supuesto, antes del cambio de paradigma ya había personas con el miedo enganchado en la piel, y seguro que te viene a la cabeza algún amigo o amiga, familiar o colega del trabajo. Dicen que hay virtuosos del violín, del fútbol o de los pinceles, pero también hay virtuosos del miedo, aunque a menudo lo viven desde la inconsciencia. A estos conviene que los detectes al segundo para alejarte lo máximo posible, porque las emociones son contagiosas y, en vista de cómo están las cosas en el planeta (sobra un montón de miedo), mejor prevenir y no empeorar la situación con más temor a nuestro alrededor, ¿no? Y si es inevitable tener cerca a estas personas, construye una pantalla imaginaria para mantener la distancia y estate atento: cuando sea el miedo el que habla o actúa, no te dejes arrastrar por él.

Escribo sobre el miedo porque creo que es vital hacerlo en este momento, tras unos años de interminables sucesos traumáticos que han afectado al mundo entero y que, además, eran inimaginables. Y porque la factura que estamos pagando resulta más que evidente, pues ya **hay otro virus llamado temor que se ha instalado en muchos adultos**, jóvenes e incluso niños y niñas de manera implacable. No olvidemos que para la COVID-19 hemos tenido vacunas que nos han protegido con apenas unos pinchazos, pero el miedo es más peligroso, muchísimo más, porque no se soluciona con un compuesto químico inyectable y tiene el poder de arrebatarte lo más preciado que tienes: **ser tú**. Y es que cuando estás bajo su yugo acabas desapareciendo, diluyéndote como esas pastillas efervescentes que venden en las farmacias.

Cuando el miedo inunda a buena parte de las personas del mundo, **el mundo se queda sin ellas**. Y la pérdida será irreparable porque **el miedo se lleva por delante las ideas, los talentos y los propósitos de esas personas**.

No podemos evitar sentir miedo, ¡por supuesto que no!, las emociones son naturales y preconscientes. Y tampoco podemos negarlo. Pero lo que sí podemos hacer es conseguir un acuerdo, un pacto para que nos deje un poco en paz regulándolo y teniéndolo bajo control para que seamos nosotros, tú y yo, los que **tomemos las decisiones de nuestra vida con inteligencia**.

¡Y eso es posible! ☺

Deseo de todo corazón que estas páginas te sean útiles.

PRIMERA PARTE

La gestión emocional

1

Qué son las emociones y cómo funcionan

Evitar las emociones es evitarte a ti mismo.

Cuesta hablar de emociones, ¿verdad? Durante siglos, nuestra cultura occidental las ha mantenido a raya, ya fuera ocultándolas o incluso negándolas, aunque la evidencia demostrara una y otra vez que el amor era capaz de transgredir las reglas más severas y que la rabia podía conducir a cometer los delitos más viles.

Se ha relacionado «emoción» con debilidad y ñoñería, una equivocación tremenda con graves consecuencias personales y sociales, pues tiene poco que ver con la realidad y nos ha impedido conocer y **aprovechar las emociones como nuestro bien más preciado**, una verdadera arma de lucha y fortaleza, convirtiéndolas demasiadas veces en nuestro más temible enemigo cuando no tenemos ni idea de su influencia y poder para con nosotros, con capacidad para cambiar nuestra manera de pensar y de comportarnos con una habilidad pasmosa, y encima sin siquiera percatarnos (como suele hacer con nosotros la sibilina emoción del miedo).

Por suerte, las investigaciones científicas, sobre todo en la última década (neurociencia, inteligencia emocional, educación emocional), han puesto de manifiesto no solo el poder de las emociones para conseguir el éxito y el bienestar, sino que es posible educarlas. Ahora ya sabemos que somos antes que nada «emoción», y que es lo que determina nuestra manera de ser, de pensar, de comportarnos, de aprender y de tomar decisiones.

Gracias a numerosos estudios sabemos también que negar nuestras emociones no es beneficioso en ningún sentido; de hecho, es contraproducente, pues nos envenena hasta deshumanizarnos y nos convierte en máquinas que tal vez hagan mucho a lo largo del día, pero no se sienten vivas porque simplemente no sienten. Ya sabes a lo que me refiero, a personas anestesiadas emocionalmente y con sus habitaciones oscuras a rebosar. **Evitar las emociones es evitarte a ti mismo porque eres lo que sientes**, y no es bueno que te alejes de quien eres en realidad. Ahí es donde empiezan las batallas internas, disimular todo el día, explotar a la mínima, sentirte atado, ahogado, o llevar una doble vida para soportar a tu personaje.

Lo único que funciona es legitimar lo que sientes, es decir, dar permiso a tus emociones para que estén ahí, contigo; por ejemplo, cuando nos invade la tristeza, aunque no nos apetezca, dejamos que nos acompañe durante unas horas ese día porque posiblemente nos esté avisando de algo.

¿Sabes? Las emociones se dan cuenta de un montón de cosas antes que nosotros, sobre todo si nuestra vida es muy ajetreada. Así que lo inteligente es aprovecharnos de ellas, de esos sentimientos y esos estados de ánimo que la naturaleza nos ha regalado. Para esto suelo utilizar el ejemplo del automóvil. Imagínate que vas en coche por la autopista y se enciende una luz roja en el panel de mando, ¿qué harías? Probablemente parar en la siguiente área de servicio y buscar la solución en el libro de instrucciones o llamar al taller, ¿verdad? Las emociones son esos pilotos encendidos que te están avisando: «¡Eh, aquí pasa algo! Para y mira qué es». Pero no solemos hacerles mucho caso, y muchísimo menos parar. Lo cierto es que tenemos un increíble y poderoso panel ante nosotros y no sabemos cómo funciona, ni qué significa cada símbolo, ni que existen libros sobre cómo proceder. Se van estropeando partes del coche sin que nos enteremos de nada... hasta que el coche nos para de golpe.

Pero ¿cómo resolver todo este embrollo de las emociones?, ¿cómo aprovecharlas si nunca nos enseñaron y no tenemos ni idea de cómo funcionan?

Si empezamos por el principio, ¡verás que es más fácil de lo que parece!

¿Te apetece? ☺

Una emoción es una reacción involuntaria de nuestro organismo ante un estímulo, ya sea externo (por ejemplo, al percibir un objeto, una persona, un lugar, etcétera) o interno (por ejemplo, un recuerdo). Y es preconsciente, es decir, la sentimos antes de ser conscientes de que la estamos sintiendo.

Digamos que las emociones van a su aire; el miedo o la rabia no te piden permiso, aparecen quieras o no, y sepas o no qué hacer con ellas. Por tanto, no podemos evitar sentir miedo, ni rabia, ni tristeza, solo podemos regular ese miedo, esa rabia o esa tristeza que estamos sintiendo. Y la ciencia aplicada que nos enseña a regularlas es la Educación Emocional.

La función de las emociones es que sobrevivamos como especie, por ello cada una tiene una misión, una tarea concreta. En Educación Emocional siempre decimos que no hay emociones buenas ni malas porque todas son necesarias y funcionales, pues nos ayudan a adaptarnos mejor a nuestro entorno. Lo que sí hay son emociones positivas y negativas, entendiendo las negativas como aquellas que nos alejan del bienestar, y las positivas como las que nos acercan a él (marco teórico de Rafael Bisquerra[1] y el GROP de la Universidad de Barcelona).[2]

Si te preguntas cómo funciona el proceso, te lo explico muy resumido. Lo primero que conviene saber es que la naturaleza es pura lógica, nunca malgasta energía si puede evitarlo, y así estamos diseñados todos los seres vivos.

Cuando pasa cualquier cosa, ese estímulo que nos llega, ya sea un ligero olor a quemado, una discusión en la escalera, un recuerdo, un ruido extraño o incluso una mirada que

1. Rafael Bisquerra, *Universo de emociones*, Valencia, PalauGea Comunicación, 2015.
2. GROP: Grupo de Investigación y Orientación Psicopedagógica de la Universidad de Barcelona.

te incomoda (o que te gusta ☺), de manera inconsciente e instintiva cada persona lo valora como positivo, como negativo o como neutro, es decir, como una situación agradable y buena para nosotros y nuestros seres queridos, o como algo que nos pone en peligro y nos alerta, o como algo que no nos afecta. Cada uno tiene un **«estilo valorativo»**, el cual es un rasgo de la personalidad y depende de nuestro carácter, pero también, y sobre todo, de nuestras creencias, nuestra experiencia, la educación recibida, las influencias sociales y, muy importante, de nuestra autoestima (si tienes poca, una broma se puede convertir en un insulto, pues así es como lo entiende tu estilo valorativo).

Esta es la razón por la que un mismo suceso es percibido de forma diferente por cada individuo, y por tanto tiene una recepción más positiva o más negativa y, consecuentemente, provoca una reacción y un comportamiento distintos. Por ejemplo, en una reunión de equipo en la oficina se propone un nuevo reto que puede inspirar a unos, pasar desapercibido a otros o generar desconfianza a algunos, que lo ven como una amenaza, porque **todo depende de lo que interpretas y desde qué emoción lo vives**, si desde el miedo, la alegría, la calma o la rabia, las cuales provienen de tu estilo valorativo, además de las circunstancias que hayas vivido ese día antes de asistir a la reunión. Es decir, si alguien entra preocupado porque acaba de perder a un cliente, todo lo que se diga o proponga probablemente pasará por el filtro del miedo o de la frustración, y esa será su percepción de la reunión, de la cual se formará una opinión (lo que piensa) y actuará de un modo concreto (comportamiento), manifestando una actitud frente a la propuesta o la decisión tomada (positiva, negativa o neutra). Como ves, son tantos los aspectos que nos influyen, externos (perder un cliente) e internos (creencias, carácter, baja autoestima, cultura), que para tener el control y dirigir nuestra vida necesitamos «consciencia emocional», que es ese darte cuenta de lo que sientes y lo que te está pasando en ese momento.

Pero sigamos porque hay más, ¡mucho más! Todos tenemos **emociones primarias** o básicas. Hay diferentes autores y teorías, pero la mayoría coinciden y definen cinco, seis e incluso siete emociones primarias. Las más consensuadas son: **el miedo, la ira, la tristeza, la alegría, la sorpresa y el asco**.

Es interesante entender también cómo agrupamos las emociones, ya que los humanos, para ahorrar energía a nuestro cerebro (es el órgano que más consume de nuestro cuerpo), y comprender el mundo y a las personas, lo clasificamos casi todo. Así pues, de cada emoción básica «cuelgan» sus variantes (técnicamente llamadas «dimensiones») en función de su intensidad. Por ejemplo, en la tristeza tenemos las menos intensas, como son el desaliento, la desmotivación, el pesimismo o la apatía, y luego las más potentes, como el desconsuelo y la depresión.

Sobre esta base, sabiendo que las emociones son preconscientes, naturales e inevitables, que las sentimos todos y que cada persona tiene un estilo valorativo, volvamos al proceso por el que se genera una reacción. ¿Por qué cuando olemos a quemado, nos levantamos de golpe y buscamos el origen del olor, dejando cualquier cosa que estemos haciendo por urgente e importante que sea? Nuestra reacción es rápida, casi instantánea (recordemos que es preconsciente) y vamos corriendo a ver qué pasa. ¿Y cuántas veces ese «susto» por un olor a quemado ha resultado ser una tostada que se ha hecho más de la cuenta? La emoción del miedo nos conduce a hacer la peor interpretación posible al instante, adelantándose a lo que nuestro cerebro racional hubiera deducido: «Huele a pan quemándose, así que será mi hija que está desayunando en estos momentos porque acaba de levantarse». Salvo que a nuestra hija se le quemen las tostadas cada mañana y ya estuviéramos acostumbrados, nuestra reacción sería ir corriendo a ver qué pasa, anulando el cerebro racional, ¿verdad?

Ahora traslademos esta reacción a todos los miedos o preocupaciones que sentimos (reales o imaginarios): «Si bajan las ventas me despedirán», «¿Me he dejado el gas abierto?», «Con esta crisis acabaremos cerrando todos», «Mi hijo suspenderá el examen», «La falta de agua en el mundo terminará con el planeta»... Nuestra reacción física (tensión muscular, aumento de las pulsaciones, insomnio), nuestro comportamiento (estar de mal humor, gritar) y nuestro pensamiento (me concentro en ese peligro y me olvido del resto) son exactamente iguales que en el ejemplo del olor a quemado. Y lo que nos empuja a hacer todo esto es el miedo, que tiene el poder de no dejarnos en paz hasta que hagamos lo que él quiere (levantarnos de la silla para localizar el origen del olor a quemado). Por eso es vital tenerlo bajo control, para no convertirnos en él, porque ¡somos mucho más grandes que nuestros miedos! Grandes como la inteligencia racional que también tenemos, la valentía, la esperanza, el optimismo y la fortaleza que también somos. ¡¡¡No nos olvidemos en esos momentos de duda!!! ☺

A mí me alivia saber que las emociones negativas son las más potentes porque así no me siento tan culpable cuando me dominan. Ellas, como has visto en el ejemplo anterior, nos ponen rápidamente en acción (te levantas volando de la silla). De hecho, las más intensas y por este orden son: el miedo, la rabia y la tristeza. ¿Por qué? Pues porque la función principal de las emociones es mejorar nuestras probabilidades de supervivencia, y son esenciales para ponernos en estado de alerta, de atención, de «ojo, aquí pasa algo, aléjate». Por ello son preconscientes, para que no podamos evitarlas y nos apartemos raudos del peligro, localizando con nuestra nariz y todos los sentidos el origen de ese olor a quemado o esa mala cara del jefe que amenaza nuestro futuro laboral.

Tal vez te preguntes por qué tenemos menos emociones positivas si el objetivo de todas las personas es ser felices. La respuesta es que, en efecto, nuestro objetivo es buscar la felicidad y el bienestar, pero no es el objetivo de la naturaleza, la cual nos ha diseñado para sobrevivir como especie. Darwin ya lo dedujo hace ciento setenta años, aunque los últimos decenios nos hayamos olvidado de ello. Somos animales sociales, nada más… y, bueno, creo que la hemos liado bastante al creernos que éramos el centro del universo. Si alguna lección nos está enseñando todo este mundo adverso es que no somos el centro de nada, nuestra especie es una más y tan vulnerable como cualquier otra. Y la naturaleza nos está manifestando claramente que debemos cambiar para comenzar a sentir lo que somos: humanos, simplemente. ¿Empezamos a ejercer?

En verdad no estamos aquí para ser felices, aunque sí, tenemos emociones, sentimientos y estados de ánimo para conseguir esa preciada felicidad porque somos seres extraordinarios de la naturaleza, un poco confundidos cuando la cosa se nos complica, pero fascinantes y dignos de estudio.

También debemos conocer la **diferencia entre emoción y sentimiento** para entender cómo funcionamos. La emoción es inevitable, preconsciente y de corta duración. Un sentimiento, en cambio, es una emoción consciente, más larga y sostenida en el tiempo. Por ejemplo, nos da miedo un perro enorme que pasa a nuestro lado sin bozal; eso es una emoción. Pero si desde hace tiempo nos dan pánico los perros, eso ya es un sentimiento, podríamos afirmar que somos miedosos. Es decir, primero viene la emoción y después se construye el sentimiento. Así, el enamoramiento sería la emoción, y el amor, el sentimiento. Y si vamos un poquito más allá, tras la emoción y el sentimiento encontramos el **estado de ánimo**, que es el conjunto de los sentimientos y las emociones presentes en nuestro día a día, los cuales nos acaban provocando una actitud. A este respecto y llevándolo al terreno profesional de las organizaciones, donde se habla largo y tendido del famoso clima laboral, conviene saber que el clima laboral no es otra cosa que un estado de ánimo, el cual nace o tiene su origen en una emoción. Este es el motivo por el que la Educación Emocional ha entrado de lleno en el mundo empresarial, porque facilita cambios de actitud en el trabajo desde la base y el origen de todo: las emociones.

Y para terminar de ordenar estos conceptos básicos, como en un armario con sus cajoncitos, también nos interesa conocer la **diferencia entre temperamento, carácter y personalidad**. El temperamento es la base biológica con la que nacemos, la cual interviene en nuestro comportamiento en un 40 % aproximadamente. El carácter se forma mediante las influencias ambientales (educación, vivencias, cultura, etcétera). Y la suma del temperamento y el carácter constituyen la personalidad, que se define como el conjunto de emociones, pensamientos y conductas que determinan los patrones de nuestro comportamiento. Cierto que moldear un temperamento no es sencillo (un 40 % predeterminado es mucho), pero centrémonos en el 60 % que sí se puede formar, modular y transformar (¡y sin límite de edad!). ☺

Un joven llamado Gerard, tras realizar una formación *outdoor* con su clase, me dijo que se había dado cuenta de que **«las emociones negativas vienen solas y las positivas te las tienes que currar»**. Y sí, es totalmente cierto y un buen resumen de lo explicado en este capítulo. Con las negativas solo puedes hacer una cosa: ser consciente de cuando las sientes para regularlas e intentar que te dejen en paz, para que no te dirijan ni decidan más de la cuenta. Y con las positivas deberás «currártelas más», como dijo Gerard, pues además de la consciencia habrá que entrenar la intencionalidad… es decir, la voluntad de querer sentirse bien. Pero ese arte de saber sentirse bien no se nos enseña explícitamente, algo que deberíamos cambiar con urgencia tanto en el mundo educativo como en el ámbito laboral. ¡Y ese cambio es posible!

Lo peligroso de las emociones, si no somos conscientes de ellas ni de su fuerza y su capacidad para influenciarnos, es que hacen lo que quieren con las personas, convirtiéndolas en un barco a la deriva que avanza según el viento que sopla, esa emoción que coge el timón sin permiso. Y claro, así difícilmente tomaremos decisiones inteligentes que nos lleven al destino al que queremos llegar; ese puerto que anhelamos, ese objetivo que diseñamos o ese sueño que un día albergó nuestro corazón pero que tal vez el temor al qué dirán, o la rabia ante aquella injusticia, o la tristeza de aquel desamor nos robó hace tiempo. Pero recuerda que todo sigue ahí, esperándonos. Solo debemos recuperar el mando de la nave escogiendo qué queremos sentir cada día… «currándonoslo», como dijo Gerard. ☺

Muchas veces nos obsesionamos con los resultados, los títulos y los roles en el trabajo, con los horarios, con hacer y hacer todo el día, y obviamos esa mirada que nos está diciendo un montón de cosas. Quien no comprende una mirada tampoco entenderá (al menos de verdad) una larga explicación. Te invito a mirar y ver quién maneja el timón de tu destino, qué hay dentro de tu barco y, de paso, quiénes son las personas que te acompañan en tu navegar por la vida.

¿Te apuntas a la aventura?

2

Emociones primarias:
la rabia, la tristeza y la alegría

La rabia

> No puedo enfadarme por lo que sientes,
> solo por lo que haces con lo que sientes.

Ahora que ya sabemos qué son las emociones, dejemos el miedo para más adelante y adentrémonos en la rabia, que es la segunda emoción primaria más potente que sentimos los humanos.

La rabia es muy veloz, llega y se va rápidamente, como si tuviera prisa. Nos cuesta dominarla porque es muy intensa, a no ser que estemos entrenados para ello; por ejemplo, los deportistas de alto rendimiento saben sacar provecho de esa fuerza que les aporta la rabia. Como sabrás, la ira puede resultar peligrosa si no la gestionamos adecuadamente, y es tan rápida que podemos atacar, insultar, pegar o decir cualquier barbaridad sin darnos cuenta... es decir, liarla y luego arrepentirnos.

La emoción de la ira tiene diferentes dimensiones: el disgusto, el malhumor, el enfado, la antipatía, la desconfianza, el rencor, el fastidio, la frialdad, la indiferencia o la indignación, hasta otras más intensas como el desprecio, el racismo, el odio o la cólera, que son mucho más difíciles de regular.[1]

Pero ¿para qué nos sirve la rabia? Ya sabes que todas las emociones tienen una misión buena para con nosotros, y **la rabia nos da la fuerza necesaria para luchar contra aquello que sentimos como injusto**. Nos empuja a actuar, nos hace salir a la calle y manifestarnos contra el cambio climático o las injusticias sociales, o a favor de las ideas que creemos que mejorarán nuestra comunidad, pues somos animales sociales y estamos diseñados para actuar por el bien de nuestra tribu, para perdurar como especie. Detrás de cada manifestación en la calle está la emoción de la rabia.

No deja de ser curioso que la emoción que nos ayuda a luchar contra las injusticias sea la que más injusticias nos hace cometer. ¡¡¡Pero eso cambiará en el momento en que la Educación Emocional Aplicada llegue al sistema educativo y a los hogares!!! ☺

Para gestionar la ira de manera adecuada, lo primero es ser conscientes de que la estamos sintiendo, notar cómo nos sube por el estómago y hace que apretemos los dientes. Cada vez que la sientas, pregúntate: «**¿Qué estoy sintiendo como injusto en estos momentos?**». El mero hecho de intentar

1. Rafael Bisquerra, *Universo de emociones, op. cit.*

responderte te lleva a la regulación, teniendo más control sobre tu comportamiento y, en especial, sobre tu pensamiento.

El segundo paso es no sentirte culpable por sentir rabia. No la niegues, legitímala, abrázala, dale permiso para estar ahí (pero no para que haga lo que quiera contigo y con quienes te rodean), porque esta emoción, como todas, te está dando pistas de algo que pasa o está a punto de pasar. Es un aviso, el piloto encendido en el panel del coche, pues nuestras emociones, como ya he explicado, se dan cuenta de las cosas antes que nuestro cerebro racional. En este punto, pregúntate: «**¿De qué me está avisando?**».

El tercer paso es sacarle provecho. Ser inteligente emocionalmente significa aprovechar la potencia de esta y de cualquier otra emoción. Veamos varios ejemplos: en una competición deportiva, la rabia nos da fuerza y perseverancia en la lucha por tener la pelota; ante un reto personal, nos hace más valientes y atrevidos; y cuando queremos decir algo importante en el trabajo, nos vuelve más osados, elocuentes y apasionados. Se trata de darte cuenta y utilizar la rabia en tu favor con inteligencia.

En resumen, cuando sientas ira puedes hacer dos cosas: gritar a alguien o **guardar esa fuerza para lograr algo**. Aprovecha también para ser consciente de qué es lo que sientes como injusto, pues te ayudará a conocerte mejor.

No obstante, para conseguir esa inteligencia emocional debemos educar antes a nuestras emociones. A partir de ahí se convertirán en nuestras superaliadas, tanto en el terreno profesional como en el personal y en el familiar. Por ejemplo, ante un comportamiento lleno de rabia o de celos de tu hijo o hija, serás capaz de ponerle límites, pero legitimando su ira, dándole permiso para que la sienta (no puede evitarla porque es preconsciente), y regularla diciéndole: **«Puedes sentir rabia, pero no puedes hacer lo que quieras con la rabia que sientes»**, o **«No puedo enfadarme por lo que sientes, solo por lo que haces con lo que sientes»**.

Como ya he mencionado, estamos tan bien diseñados que tenemos antídotos en forma de emociones y recursos para contrarrestar las emociones que nos alejan del bienestar. En este caso, la paciencia y la calma nos ayudan a regular la rabia de una manera muy eficiente.

La paciencia

Desde pequeños no han hablado de la famosísima paciencia, esa habilidad que se considera la madre de la ciencia y la sabiduría, lo cual es bastante cierto.

Pero empecemos por el principio. La paciencia es la capacidad de esperar con calma, es decir, sin modificar tu estado de ánimo cayendo en el enfado, el agobio o la renuncia. De hecho, ser conscientes de que **la paciencia es la habilidad principal para tolerar la frustración** puede ser de gran ayuda cuando sabemos que, en la actualidad, el 35 % de los universitarios de España toman antidepresivos y ansiolíticos en primero de carrera porque tienen tolerancia cero a la frustración.

Así pues, la impulsividad y la impaciencia son lo contrario, es decir, la ausencia de calma y serenidad. Si te fijas, verás que las personas pacientes no hacen la peor interpretación posible con tanta facilidad como las impacientes, lo que les permite una mayor regulación de sus estados emocionales. Supongo que todos querríamos ser más pacientes, y eso es algo que podemos conseguir si nos lo proponemos, ya que **todas las competencias emocionales se pueden entrenar.**

En otras palabras, la paciencia es una respuesta que se sostiene en el equilibrio personal, que refrena los impulsos primarios y los sustituye por un proceso de análisis racional, o sea, basado en la inteligencia. Como ves, tras la paciencia hay mucha gestión emocional. Se dice, además, que el cultivo de la sabiduría produce paciencia, y la paciencia produce sabiduría.

Una aclaración: la paciencia no es aguantar en silencio, sino que exige utilizar un montón de recursos emocionales para no modificar tu estado de ánimo ante algo que no consigues.

Pero ¿para qué nos sirve? La paciencia nos permite tolerar la frustración y ser resilientes, así como comprender los contratiempos, moderar las palabras, esperar y mantener relaciones sanas, por lo que nos ayuda a conseguir el éxito y la felicidad. Nos ayuda a sentirnos en paz y en equilibrio, y potencia nuestra asertividad (saber decir no con respeto). Es una habilidad muy completa, ¿verdad?

¿Y cómo podemos entrenarla? Estamos viviendo en la cultura de las prisas, donde tenerlo todo ya parece ser lo lógico y natural, lo que en consecuencia nos entrena cada día en lo contrario, en la impaciencia. Todo ello nos orienta hacia la impulsividad, y esto provoca un desagradable desequilibrio personal. Esta actitud es la que define a la «generación yo-yo, ya-ya»: «Yo primero y antes que nadie, y lo quiero ya, porque no soporto esperar». De hecho, se parece un poco a los bebés: ellos no tienen paciencia, cuando lloran es porque necesitan algo o lo quieren ¡ya! Pero crecer también implica gestión emocional, y esta se encuentra íntimamente relacionada con el aprendizaje de la paciencia y no ser tú siempre el primero; en concreto, aprender a esperar y **ser capaz de postergar la recompensa**, ese placer que sentimos cuando conseguimos lo que deseamos.

La buena noticia es que, como todas las habilidades, ¡se puede aprender! Sí, entrenar la paciencia hoy en día es, literalmente, ir a contracorriente, pero por eso es muy importante hacerlo, porque cada día entrenamos lo contrario: es vital contrarrestar las series de Netflix donde no necesitas esperar para ver el siguiente capítulo, o los grupos de WhatsApp con mensajes constantes, o los juegos de ordenador con recompensa inmediata o las compras en Amazon que te llegan pocas horas después. Todo ello entrena tu impaciencia sin cesar.

Los niños y niñas se quejan cada vez más cuando se aburren, como si fuera algo terrible y una absoluta pérdida de tiempo. Pero es al revés. La neurociencia ya ha demostrado que aburrirse es necesario e imprescindible para que nuestro cerebro se relaje y descanse, como cualquier músculo de nuestro cuerpo. Los deportistas saben que el entrenamiento es tan importante como el descanso para alcanzar el máximo potencial. ¿Qué nos hace pensar que el cerebro es distinto? Solo cuidándolo podrá rendir cuando le pidamos que memorice un temario, resuelva un problema matemático o busque una solución creativa ante un reto en el trabajo. Así pues, no hacer nada durante un ratito cada día («aburrirnos», como dicen los niños) es un ejercicio sumamente sano e interesante también para los adultos.

Y a nivel práctico, otro ejercicio que siempre practico para desarrollar mi paciencia es ponerme en la cola más larga para pagar cuando estoy en el supermercado. Y si mi pareja o mi hijo me preguntan por qué lo hago, les digo: «Así entreno mi paciencia, que últimamente tengo poca». O cuando vamos en el coche y hay caravana, si mi acompañante se muestra impaciente o enfadado, le digo: «No pasa nada. Así entrenamos la paciencia, que nos irá genial para tolerar la frustración». A veces es mi cabeza la que inicia un diálogo interno: «Qué tonta eres, con las cosas que tienes que hacer y estás aquí perdiendo el tiempo en esta cola», y yo le contesto: «Calla, que quiero entrenar mi paciencia». Puede parecer una estrategia absurda, ¡pero me funciona! ☺

¡Ah! Y cuando desees comprar algo, intenta contenerte, pues cada semana de espera es la verdadera práctica de la paciencia. Y de paso entrenarás otras habilidades como el agradecimiento, la regulación emocional y el autoconocimiento.

LA TRISTEZA

> Pocas veces invitamos a cenar a la tristeza.

La tercera emoción más potente que tenemos los humanos es la tristeza. Al contrario que la rabia, es una emoción tranquila, lánguida, llega poco a poco y le cuesta marcharse. Nos resulta desagradable sentirla porque, como el resto de las emociones negativas, nos aleja del bienestar.

La tristeza tiene diversas dimensiones: la apatía, el desánimo, el desencanto, la decepción, la resignación, la desilusión, la nostalgia o la desmotivación, y otras más intensas como la soledad, la agonía, la humillación, la desesperanza, el sufrimiento, la pena, el duelo o la depresión.[2]

En el mundo occidental, la tristeza nos asusta porque está mal vista, como si sentirla fuera sinónimo de fracaso o, peor aún, de fracasado. Por ello, a menudo la negamos, la evitamos o la esquivamos. Así, cuando rompemos con nuestra pareja, por ejemplo, solemos hacer un montón de actividades, quedamos con los amigos o nos distraemos con cualquier cosa para evitar encontrarnos a solas con la señora Tristeza, esa que de frente y sin escudo te dice: «¡Eh! Para, que tú y yo tenemos que hablar de ese dolor que sientes».

Con excesiva frecuencia nos aterra que esta emoción nos atrape o estar a solas con ella, posiblemente porque es la que menos conocemos y aceptamos; de hecho, **pocas veces**

---

2. Rafael Bisquerra, *Universo de emociones, op. cit.*

invitamos a cenar a la tristeza para charlar y descubrir qué de bueno puede hacer por nosotros.

Así pues, averigüémoslo y salgamos de dudas. ¿Para qué nos sirve la tristeza? Su trabajo es recolocarnos por dentro, en un nuevo orden, cuando hemos sentido algo como una pérdida (una persona, una mascota, un estilo de vida, un objeto…). Su objetivo es que, en ese nuevo orden que ella rehace intentando rellenar el vacío, salgamos reforzados y más sabios. Fíjate en que he dicho «cuando hemos sentido algo como una pérdida»; es decir, lo que para ti es una pérdida tal vez no lo sea para mí. Recuerda que las emociones son preconscientes, yo no escojo estar triste, solo puedo gestionarlo. Así, perder el osito de peluche, un trabajo o un estilo de vida puede sumirnos en la desesperanza más absoluta, y no solo la pérdida de un ser querido.

Muchas veces no entendemos que alguien pueda sufrir por perder un objeto, por ejemplo. Pero no sufre por el objeto en sí, sino por el valor emocional que hay en él, por el vínculo que ha creado. Así, si extravío el reloj del abuelo, de alguna manera siento que pierdo ese vínculo con el abuelo, que se rompe o desaparece con el reloj. Para un niño, quedarse sin su osito de peluche suele significar la pérdida de la calma y el sosiego, lo que puede sumirle en un mar de lágrimas. Pueden ayudarnos preguntas del tipo: «¿Qué temo perder con el reloj?», o «¿Buscamos otro muñeco que te dé calma?».

Es importante, y además creo que tranquiliza, ser conscientes de cuál es la tarea de la tristeza, ya que así no la temeremos tanto, no la negaremos y eso nos facilitará dejarla entrar cuando llegue; aceptarla, darle su sitio, ese que se merece porque, como ves, tiene una misión que cumplir. Y dejaremos que la haga sin prisas, al ritmo que ella necesite.

Quiero añadir que no deberíamos sentir vergüenza ni disculparnos por estar tristes o apenados, pues es algo que nos pasa a todos. Y si tú entiendes que alguien esté triste, ¿qué te hace pensar que los demás no te entenderán a ti?

Además, si negamos la tristeza, antes o después volverá, ya lo sabes, y cuando esto ocurra lo hará con tanta fuerza que nos será más difícil regularla, sostenerla e incluso soportarla. Debemos tener cuidado con esta emoción, pues si no la gestionamos adecuadamente es de las que más nos acercará a la patología.

Como decía al principio, socialmente está mal visto sentirse triste porque vivimos en un mundo acelerado y de apariencia perfecta, y la tristeza trabaja despacio y con los ojos hinchados por haber llorado, y es la emoción que más nos incomoda porque ¡¡¡no soportamos ver llorar!!! Esto es una muestra más de lo poco que conocemos nuestro sistema emocional y lo poco inteligentes que somos cuando no lo aprovechamos. ¡Dejemos de disimular! Todo lo que sentimos está bien, tenlo en cuenta para ti, pero también para los demás. Y si has de invertir tiempo en algo, que sea en buscar estrategias, ¡no en evitarlas!

En esta búsqueda nos pueden ayudar algunas ideas. Lo primero es ser conscientes de que estamos apenados, apáticos o sin ganas de levantarnos del sofá. Cuando eso te pase, pregúntate: «**¿Qué hace que sienta esta apatía?**». Algo del trabajo, algo de los niños o de la pareja, algo relacionado con tu aspecto físico, algo sin resolver con tu familia que ahora está tratando de salir de esa habitación desordenada, o algo más profundo y existencial sobre el propósito de tu vida. Si al indagar vemos que ese sentimiento de tristeza se alarga en el tiempo (más de tres meses), conviene buscar ayuda profesional y no jugársela. Esta emoción hay que tomársela en serio, si está a nuestro lado tantos días es por algo.

En todo caso, tengamos en cuenta su misión: nos avisa de que nos está sucediendo algo para que paremos un momento, investiguemos y nos pongamos en acción, ya sea hablar del asunto con una persona de confianza o buscar soluciones y recursos para gestionarlo de la manera más positiva posible. Y si la solución es llorar por las noches porque te dejó tu pareja, hazlo, y juntos, la tristeza y tú, saldréis reforzados, recolocados y, sobre todo, reordenados para volver a empezar. Que no te asuste, la tristeza es tu alidada si dejas que haga su trabajo. ¡¡¡Y ya verás lo bien que te sienta saber que la tienes detrás pendiente de todo!!!

LA ALEGRÍA

Y para compensar la profunda emoción de la tristeza, la naturaleza nos hizo un enorme regalo: la alegría, la cuarta emoción primaria más intensa.

Es una emoción positiva que nos acerca al bienestar, y se la considera el motor de nuestra especie. Nos encanta porque nos hace ver el mundo de color de rosa, animándonos y haciéndonos sonreír todo el rato. ¿Sabías que hay evidencias de que las personas alegres tienen menos enfermedades, son más optimistas y tienen relaciones más saludables y, por tanto, más amistades?

A veces se confunde la alegría con el ji, ji, ja, ja, pero va mucho más allá. Tiene diferentes dimensiones que abarcan desde el contento, la diversión, el humor o el entusiasmo, hasta la moral alta, el placer, la ilusión, la pasión, el éxtasis o la esperanza.[3] Como ves, cosas tan vitales como la ilusión o la esperanza surgen de esta emoción primaria.

Pero ¿para qué nos sirve? La alegría es como un motor lleno de gasolina que nos impulsa a tener esperanza. **La alegría es el gran motivador.** Fíjate que «motivado» viene de «motivo», y este de «mover». La alegría nos mueve, y mueve literalmente no solo a las personas, sino también los proyectos que llevan a cabo algunas empresas y organizaciones. Se toman como ejemplo típico los inicios de muchos emprendedores que, con su pasión y su ilusión, consiguieron una implicación fascinante de su equipo, lo que aumentó la creatividad, las ganas de superar obstáculos y el crecimiento. Cuando hay alegría en un equipo, ¡todos queremos formar parte de él!

Y como la alegría nos mueve, lo normal es que en los lugares donde hay gente alegre trabajando se vaya más rápido. De hecho, si entras en una tienda a comprar y la dependienta

---

3. Rafael Bisquerra, *Universo de emociones*, *op. cit.*

está apática o desanimada, irá lenta y tardará más tiempo en servirte. En cambio, si te atiende alguien alegre y simpático, verás que trabaja más rápido y saldrás antes con la compra hecha. Si queremos empresas con equipos motivados que trabajen rápido, solo tenemos que hacer una cosa: provocar intencionadamente la emoción de la alegría, y eso es fácil, porque depende en buena medida de nosotros, de empezar a hacerlo tú y yo. Curiosamente, como analfabetos emocionales que somos, en la mayoría de las organizaciones, para motivar, aún hacen justo lo contrario: amenazar, generar miedo o tensionar, que es lo que nos paraliza y desanima, lo que nos lleva a trabajar con menos acierto, más lentos y desmotivados.

Pero hay más, la alegría es la emoción que ha estado detrás de muchos grandes descubrimientos (bombilla, imprenta, etcétera). Realmente ha sido ella, pues es la que **nos conecta con la esperanza, la pasión y la determinación que conducen al propósito y al éxito**, ya sabes, a seguir intentándolo mil veces hasta conseguir lo que soñamos.

Esta superemoción también nos ayuda a dar sentido a nuestra vida, a nuestro trabajo, a levantarnos cada mañana gracias a la motivación (que nos proporciona un motivo y nos mueve). Ella nos sube a las estrellas para que alcancemos nuestros objetivos.

Creo firmemente que quien sea capaz de conocer el poder de esta emoción y ponerla en práctica de manera inteligente en una organización tendrá el éxito asegurado como mínimo en la gestión de personas, y se diferenciará del resto,

pues nunca como ahora ha sido tan complejo dirigir, liderar...
y educar.

Y sabiendo todo esto, ¿cómo no lo vamos a aprovechar?
Cuando estemos en una situación en la que precisemos determinación, fuerza e ilusión, o ver una luz al final del túnel,
o trabajar más rápido, recuerda que tienes el recurso de entrenar intencionadamente la alegría. Y la manera más fácil es
¡sonriendo! Sí, cuando lo haces, diecisiete músculos envían
una señal a nuestro cerebro que le dice: «No hay peligro ni
amenaza, hoy no hay nada que temer. Todo está bien». Es
cuando el cerebro reptiliano (el instinto) se desconecta, y permite que tu cerebro racional o neocórtex funcione a pleno
rendimiento. Esto facilita que la creatividad fluya, junto con
la proactividad, lo que nos ayuda a encontrar soluciones a los
problemas generándonos, encima, una mayor fortaleza para
persistir, además de mejorar nuestra concentración y hacernos más eficientes, pues estamos orientados a la tarea al cien
por cien. Y como las emociones se contagian, la alegría o cualquiera de sus dimensiones también la sienten quienes te rodean, en casa o en el trabajo, realimentándose.

Según la neurociencia, que se sepa hasta ahora, la alegría
es la única emoción capaz de provocar neurogénesis, es decir, la creación de nuevas neuronas que afectan directamente al lóbulo prefrontal, donde están la capacidad de atención,
la concentración, la regulación de impulsos, la resolución de
problemas, la toma de decisiones o la voluntad. Es decir, donde se encuentra el aprendizaje y, por tanto, el crecimiento. De
hecho, la alegría hace que nos sintamos más vivos, lo cual es

literal, porque evita el envejecimiento de nuestras neuronas. Como ves, todo ello mejora la fortaleza, la confianza y la seguridad, habilidades todas ellas necesarias para afrontar cualquier acontecimiento doloroso.

Supongo que te estarás preguntando cómo se puede aprovechar más esta emoción, sobre todo en el trabajo. Además de lo ya mencionado: la consciencia emocional, el sonreír, el no hacer la peor interpretación posible, la sana autoestima etcétera, hay otro concepto que utilizamos mucho en La Granja y es el generar intencionadamente estados de ánimo positivos. La mayor fábrica de alegría que existe en el mundo son ¡los niños y niñas! Así pues, si tienes criaturas cerca, solo necesitas hacer una cosa: observarlas e imitarlas. Fíjate en su capacidad de vivir el momento presente, de asombrarse ante cualquier cosa, de ver la parte divertida de la vida, de convertir todo en un juego estupendo y... ¡déjate contagiar! No es muy complicado de entender, porque ya lo hiciste cuando fuiste niño o niña.

Posiblemente haya personas a tu alrededor que son generadoras de estados de ánimo positivos pero no son conscientes de ello. Díselo, diles que, además de sentirse bien consigo mismas, hacen que los demás se sientan mejor. Y si tú quieres ser una de ellas, recuerda que generar estados de ánimo positivos no es sinónimo de tener que generarlos, sino de quererlo, de pretenderlo. Y tampoco significa estar contentos a todas horas, ni ser unos payasos, ni ir hipermotivados todo el día. Se trata de ser como los niños, de estar conectados y **ver lo bonito de la vida y de las personas**.

Es brutal lo que la emoción de la alegría es capaz de hacer, ¿no? E increíble lo poco que se aprovecha en casa o en el mundo organizacional. Pero podemos cambiarlo, ¿verdad? ☺

Y no quiero acabar este capítulo sin hablar de la felicidad, porque llevamos unos añitos en los que se está confundiendo, y mucho, con la alegría. Esta parte se la dedico especialmente a quienes tienen niños y niñas cerca, ya sean hijos, sobrinos o nietos, pues por lo que veo cada día en mi trabajo es urgente no confundirlos más de la cuenta.

La felicidad

La felicidad es un sentimiento de plenitud que nos produce un bienestar interior profundo, como de paz, de sentirse lleno, de «estoy bien y no necesito nada más», o «a pesar de las circunstancias, me siento en calma». Su duración es más larga que la emoción de la alegría.

La felicidad tiene más que ver con el bienestar, con el saborear, con el equilibrio, la tranquilidad y la serenidad, con la satisfacción, el gozo y la dicha.[4]

La alegría está más relacionada con esa ilusión que sentimos por algo fantástico que nos ha pasado hoy. La felicidad, en cambio, **es un proceso de trabajo interior, de autoconocimiento y de reflexión profunda**. Es decir, que podemos

---

4. Rafael Bisquerra, *Universo de emociones, op. cit.*

temer algo pero seguir sintiéndonos bien y en calma, pues controlamos lo que sentimos. En cambio, con la alegría no pasaría, pues, cuando tenemos miedo, ya no estamos ni alegres ni contentos.

Otro ejemplo sería cuando estamos tristes debido a una pérdida importante para nosotros. El hecho de entender y aceptar que la muerte forma parte de la vida, y que es un proceso por el que todos pasaremos antes o después, nos permite vivir el duelo temporal para que la tristeza haga su trabajo, pudiendo después recuperar nuestro bienestar con serenidad y equilibrio.

Pero ¿cómo se consigue?, ¿cómo se desarrolla? He de decir que primero debe haber consciencia y regulación emocional, y también autonomía (la famosa no dependencia, el poder estar tú bien aunque los demás no lo estén), lo que nos lleva directamente a la **madurez emocional**. Por supuesto, la experiencia, la actitud de aprendizaje y entender la vida con humildad y agradecimiento es el camino y el viaje para conseguirlo. Aunque no será de un día para otro, pues es un proceso maravilloso que debemos afrontar con calma. Solo tenemos que aprovecharlo, disfrutarlo y, de paso, enseñárselo a nuestros hijos e hijas y a nuestros equipos. Es vital compartir los conocimientos para cambiar las cosas, y aquello que no nos enseñaron de pequeños respecto a la gestión emocional que lo aprendan ahora los niños y los jóvenes. Solo a través de las personas lograremos cambiar el mundo, y de una vez por todas.

Es preciso entender que hay, y siempre habrá, momentos de alegría y serenidad, pero también de agitación y tristeza…

y que es natural e inevitable que existan ambos en nuestro caminar por la vida. Crear hábitos saludables como los que propone la psicología positiva puede ser beneficioso: agradecer, ayudar a los demás, empatizar, sentirse afortunados por respirar sin que nos duela nada, comer sano, hacer deporte, estar en contacto con la naturaleza, buscar esos silencios que nos apean de la aceleración diaria... Pero sin olvidar que no siempre podemos ni debemos estar a tope, bien y fantásticos, porque somos humanos y vulnerables, no máquinas que lo gestionan siempre todo al cien por cien. No hace falta. Como educadora emocional, a veces me encuentro con gente que se piensa que no me enfado nunca porque soy capaz de gestionar todo lo que siento de manera positiva. Pues no, antes que nada soy humana, me enfado y fallo como todos, así que ¡¡¡relajémonos!!! No es necesario ser perfectos, ¡de verdad que no!

Por otro lado, no creo que nadie que vaya corriendo todo el día llegue a ser feliz... Puede estar contento y alegre, pero no feliz, que es distinto.

Es muy importante no confundir estos conceptos, pues nos puede generar serios problemas. Por ejemplo, si hacemos un regalo con la expectativa de que haga feliz a alguien nos estaremos equivocando; le ilusionará mucho, se pondrá muy contento, pero no le hará feliz, ya que eso es algo que solo puede conseguir uno consigo mismo mediante un proceso largo y complejo.

Y cuando educamos a nuestros hijos e hijas no les hagamos creer que tener una bici o el último modelo de móvil les hará felices, expliquémosles la diferencia. Si te dicen: «Seré muy feliz con la bici nueva», contéstale: «No, te pondrás muy contento, pero la bici no te hará feliz». Que tengan claro que la felicidad no depende de tener más, o de su papá y su mamá. Puedes decirles: «Tu felicidad depende de ti, la mía depende de mí», y elimina la presión a la que demasiadas veces los sometemos de manera inconsciente por esa «obligación» constante de tener que hacer felices a los demás, porque es una quimera.

Lógicamente, el mismo discurso sirve para quien lidera a personas o equipos. ¿Cuántas cosas hacemos en nombre de la supuesta felicidad? Podemos idear acciones para ilusionar y motivar, pero no para hacer feliz a nadie, porque sería un engaño (con la consiguiente frustración), pues es un proceso personal y depende de cada uno… Aunque, por supuesto, ayuda tener una vida confortable en la que no falte lo esencial. Pero todos sabemos que no es imprescindible, porque si no todos los ricos serían felices y el resto seríamos desgraciados. Y muchas veces es más bien lo contrario.

Recordemos que subirle el sueldo a un empleado no le hará feliz, probablemente se sentirá valorado, orgulloso y reconocido, y eso facilitará que esté contento, pero esas emociones agradables pasarán al cabo de un tiempo. Y, por supuesto, reprender, no respetar, gritar o no valorar a las personas hace que se sientan fatal y, por tanto, esas acciones les alejarán de las emociones positivas que son las que les ayudarán a alcanzar la preciada felicidad, de la que la empresa se acabará beneficiando porque tener gente feliz en el equipo suma, y mucho, puesto que su equilibrio y su serenidad también se contagian.

Creo que distinguir la felicidad de la alegría es básico en estos momentos, porque nos están vendiendo todo lo contrario. O, peor aún, porque estamos educando a nuestros hijos en la creencia de que su felicidad depende de nosotros, y al final los adolescentes se lo acaban creyendo y echan a los padres la culpa de todos sus males, incluso de estar enfermos o de que la pareja les haya dejado. Evitemos esa gran mentira a nuestro alrededor, y tengamos claro que lo único que podemos transmitir a los demás es la emoción de la alegría o cualquiera de sus dimensiones. La felicidad es un trabajo personal y, ya que es un proceso largo y complejo, ¿qué te parece si empezamos a entrenarla? ☺

Pero antes he de incluir en este punto la famosa sobreprotección, esa que observo a diario en mi trabajo, porque es fundamental entender que cuando sobreprotegemos a alguien, lo estamos desprotegiendo, literalmente, porque lo estamos educando en la debilidad.

¿Y quién confía en los débiles? Cuesta hacerlo, ¿verdad? Es lógico, somos animales sociales y para sentirnos seguros necesitamos que haya fortaleza a nuestro alrededor. Y añado otra pregunta: ¿te cuesta confiar en ti mismo cuando el que se siente débil eres tú?

La debilidad nos genera inseguridad, y esta nos lleva a sentirnos amenazados, lo cual nos arrastra a malinterpretar cualquier cosa: «Me ha mirado mal», «Se ríen de mí», etcétera. Por tanto, nos vuelve desconfiados (desconfiamos de nosotros mismos y de los demás), y eso nos desprotege para ir por la vida con paso firme y seguro, pues la desconfianza es una dimensión de la tristeza.

Sentirnos débiles nos desagrada profundamente, como es lógico, y además como especie social necesitamos la fortaleza para sobrevivir, para sacar adelante a nuestra familia y luchar nuestras pequeñas batallas diarias. Pero el miedo, no atreverse ni a preguntar, la fragilidad, la falta de firmeza o hundirse ante cualquier contrariedad empieza a ser habitual entre los niños y los jóvenes. La sobreprotección, esa que nos conecta con la debilidad, tiene consecuencias como creer que «yo sin tu ayuda, no puedo ni podré» o «te necesito para todo, incluso para que me digas cuáles son mis deberes por el WhatsApp de clase», y se extienden cada vez más.

Que los hijos crean que sus padres tienen la obligación de defenderlos de todo o que su felicidad es responsabilidad de los padres y no suya se ha convertido, como decía, en una tendencia creciente, muy creciente, lo que está convirtiendo a nuestros pequeños en seres frágiles y temerosos, desconfiados, inseguros y con bajísima autoestima.

La sobreprotección, en definitiva, los priva de su fuerza y los educa en la debilidad. Cuando lo que conviene es justo lo contrario, que logren tener las herramientas y los recursos necesarios para que puedan luchar por su propia felicidad y convertirse en sus dignos protectores.

Y, para acabar, una última apreciación sobre la que aún estamos investigando en La Granja: desarrollar la felicidad consistiría, en parte, en tratar de volver cada vez más rápido al estado de equilibrio óptimo después de un mal momento. Eso sería todo un arte, ¿no? Y una buena dinámica para implantar en el colegio, en la empresa o en tu hogar.

Y hasta aquí este resumen sobre cómo funciona nuestro sistema emocional. Ya sabemos que no podemos evitar sentir lo que sentimos, solo regularlo, porque las emociones son preconscientes. También conocemos un poquito mejor la rabia y la tristeza, y sus antídotos: la paciencia y la alegría. Y hemos visto la diferencia entre la felicidad y la alegría para no confundirnos. Adentrémonos ahora en la poderosa emoción del miedo, esa que no suele dejarnos nunca en paz. Creo que no te quedarás indiferente.

SEGUNDA PARTE

El poder del miedo

3

Qué es el miedo, para qué nos sirve y cómo detectarlo

> El miedo es como una serpiente silenciosa:
> te seduce, te convence y, ¡zas!, te atrapa.

Sabiendo un poco más cómo funcionan las emociones básicas, y ahora que vemos a la rabia y a la tristeza más amigables, estamos preparados para adentrarnos en el territorio de la famosísima y compleja emoción del miedo, esa que no suele dejarnos casi nunca en paz porque es la más potente de todas.

El miedo es una emoción primaria, ya sabes, de las que sentimos todos los humanos. Si alguien te dice que no siente miedo de nada no es cierto, simplemente no es consciente, no lo sabe. Pero seguro que siente, como todos y todas, cualquiera de las dimensiones del miedo. Esa negación es habitual y también natural, pues a la mayoría no se nos ha enseñado qué es el miedo, es algo de lo que no se ha ocupado ni el sistema educativo ni la sociedad. Lo que sí hemos aprendido casi todos es a tener miedo al miedo, por lo que está muy mal visto reconocerlo y demasiadas veces se considera de cobardes. Recordemos en este punto a la señora Ignorancia, la que dice que no podemos gestionar aquello que no sabemos ni qué es.

Como ya he comentado, la emoción más poderosa es el miedo, luego tenemos la rabia, después la tristeza y por último la alegría. Haciendo formaciones, muchos me comentan que para ellos la emoción más potente es la rabia, pero no es así. La rabia tal vez sea la más evidente, porque se ve enseguida y es muy ruidosa, pero el miedo es más sibilino, va por detrás, como **una serpiente silenciosa: te seduce, te convence y, ¡zas!, te atrapa**. Caes en sus redes casi sin darte cuenta… a veces toda una vida. Y cuando te tiene en sus manos, toma un montón de decisiones por ti.

Siempre digo que **el miedo es falta de información**, bien porque no la tenemos, bien porque solo tenemos una parte de esa información. Por ejemplo, alguien dice que le dan miedo los caballos porque son peligrosos, y sí, es cierto, pueden ser peligrosos, pero también son nobles y cariñosos. Si esa persona solo tiene la parte negativa de la información, le darán miedo los caballos. Y esto puede aplicarse a todo.

Si nos fijamos en las noticias de los medios de comunicación entenderemos muchos de nuestros miedos. Un ejemplo claro lo tuvimos durante la pandemia: ¿recuerdas que solo se nos informaba de los miles de contagiados, y apenas se mencionaba a los millones que no se contagiaron? Se nos recalcaba hasta la saciedad el número de ingresados, y pocas veces los que no tenían síntomas. Si el miedo es falta de información y se nos da solo una parte, la negativa en este caso, ¿qué crees que hace el miedo? Campar a sus anchas. En este ejemplo se convirtió en el rey del mambo cumpliendo su función: empujarnos a hacer la peor interpretación posible para apartarnos del peligro por si acaso, paralizándonos y haciéndonos sentir inseguros y muy desconfiados. Y si añado aquí el parámetro de la incerteza, que es la falta de información «cierta», entenderemos por qué el miedo nos invade desde el minuto cero ante la falta de información.

Por otro lado, si las emociones son contagiosas, las más potentes lo son más aún, así que es fácil comprender por qué estábamos todos bastante paralizados (lo cual, imagino, era lo que le interesaba a los gobiernos para contener el virus).

Lo triste, en mi opinión, es que los gobernantes, sabiendo que el impacto emocional sería enorme, tuvieran poca o nula idea de cómo funcionan las emociones. Al menos en España, el concepto «gestión emocional» se puso de moda, aunque no se supiera muy bien qué significaba. Y cumplir con el expediente poniendo una app a disposición de la población supongo que les hizo creer que el asunto estaba resuelto.

Los que nos gobiernan son solo humanos dirigiendo a otros humanos. Y me sorprende que no sepan, como mínimo, cómo funcionamos, en qué se basa nuestra forma de pensar y de comportarnos.

Las consecuencias de su estrategia (generar miedo y no dar recursos a la población para regularlo, teniendo en cuenta que es contagioso) se traducen en centenares de miles de euros a cargo del Estado en forma de gasto en salud mental y bajas laborales. De hecho, esto está sucediendo desde hace tiempo. En este sentido, lo que funcionó a corto plazo se puede volver en contra a medio plazo. He visto con horror cómo no se daban recursos para gestionar todo lo que los ciudadanos estábamos sintiendo durante más de dos años (padres y madres, abuelos, niños, adolescentes, profesionales, docentes, sanitarios…). Ha habido cientos de horas de «relleno superfluo» en televisión, y se han obviado por completo los conocimientos científicos y prácticos para que los ciudadanos pudieran, como mínimo, entender lo que estaban sintiendo para gestionarlo de una manera adecuada para ellos y para las personas que los rodeaban.

Pero sobre la experiencia de la pandemia me extenderé más adelante, así que sigamos conociendo más de cerca la poderosa emoción del miedo.

Para empezar, **el temor puede ser real o imaginario**. De hecho, según un estudio realizado por el investigador Robert L. Leahy,[1] el 85 % de los miedos que sentimos no sucederán nunca. Y de miedos imaginarios sabemos todos un poco, ¿verdad? ☺

¿Cuántas veces hemos imaginado cosas que no llegaron a suceder? Ese sinvivir por si nuestro hijo adolescente tiene un accidente de moto, ese desasosiego por si se burlan en el

---

1. Robert L. Leahy, *The Worry Cure: Seven Steps to Stop Worry from Stopping You*, Harmony/Rodale, 2006.

colegio de nuestra pequeña, ese recelo por si en el trabajo hay un complot en nuestra contra, que nunca existió... pero que sentimos como si hubiera ocurrido de verdad. ¿Cuántas veces se ha creado un conflicto en el trabajo por un compañero que ha hecho una interpretación negativa generando desconfianza?

El miedo al futuro se llama «ansiedad», de la cual hablaré en el siguiente capítulo, pero te avanzo que suele empezar con el famoso «Y si»: «¿Y si pierdo el cliente?», «¿Y si el niño no hace amigos?», «¿Y si me engañan?», «¿Y si no cumplo con los objetivos?», «¿Y si la fastidio?»...

En cuanto a la misión del miedo, nos sirve para detectar el peligro (real o imaginario) y apartarnos de él lo más rápidamente posible para que sobrevivamos. Es instintivo, potente e irracional (es decir, no piensa). Para ello, como ya he dicho, utiliza ese recurso tan interesante de empujarnos a hacer la peor interpretación posible. Es decir, se anticipa e imagina el peor escenario, despertándonos de golpe y poniéndonos en estado de alerta, con todos nuestros sentidos superatentos (vista, olfato, tacto). Si estamos en alerta y nos sentimos amenazados, desconfiados e inseguros, tenemos más probabilidades de sobrevivir. Por eso nuestro cuerpo siente el peligro, el corazón se nos acelera, la sangre inunda nuestras manos y piernas (para defendernos o para salir corriendo). Nuestra atención se dirige en exclusiva a la amenaza y, por supuesto, con la sangre a tope en corazón, brazos y piernas, el cerebro baja su rendimiento y solo podemos hacer dos cosas: atacar o huir. No escuchamos, ni aprendemos ni pensamos… solo podemos defendernos o escapar. Y todo este proceso se desarrolla tanto si el miedo es real como si es imaginario, aunque cuando es real es más intenso. Por ejemplo, vamos conduciendo y nos vemos obligados a dar un frenazo: podemos notar literalmente cómo la adrenalina llega a raudales a nuestras manos y piernas y nuestro corazón se acelera preparándonos para actuar.

Otro ejemplo típico es cuando, a los que somos padres o madres, nos llaman a media mañana del colegio de nuestro hijo o hija. Lo primero que la mayoría hacemos es asustarnos mientras nuestra cabeza dice: «¡¡¡Ha pasado algo, seguro!!!» (en realidad no es nuestra cabeza, es la amígdala, que está en nuestro cerebro). El corazón nos da un vuelco y en esas milésimas de segundo tenemos tiempo de pensar: «Le ha pasado algo malo al niño». Incluso barajamos varias posibilidades, desde un corte en la rodilla a que directamente la criatura está ingresada en urgencias al borde de la muerte (cuanto más controladores somos, mayor es nuestra peor interpretación). Y al descolgar, temblando, por supuesto, resulta que hay un problema con un recibo y nos sentimos el padre o la madre más tontos del mundo. Aunque he utilizado la ironía, esta es una situación cotidiana. De hecho, la primera frase que suelen decirte cuando te llaman del colegio es: «¡No ha pasado nada!», y luego ya llega el «Buenos días, eres la mamá de X». Y la responsable de que vivamos tooodo este proceso es la poderosa emoción del miedo, pues su misión es no dejarnos en paz hasta que lo hayamos revisado todo para tenerlo bajo control.

Es vital ser conscientes de la enorme capacidad que tiene el miedo de dominarnos, de actuar, pensar y decidir por nosotros sin que apenas podamos evitarlo, sobre todo cuando lo hemos estado sintiendo durante unos años debido a un contexto de circunstancias sorprendentemente adversas (y demasiadas veces de manera inconsciente).

Recuerda lo que hace con nosotros: «Estoy tenso y me siento amenazado, desconfiado e inseguro». ¿Te imaginas las empresas, las aulas y los hogares con más personas de la cuenta sintiéndose así, inseguras y desconfiadas? ¿Y con el añadido de que las emociones son contagiosas? ¿Qué futuro les espera a los trabajadores de esas empresas, a los alumnos y profesores de esos colegios o a los residentes de esos hogares si no se les brindan recursos para gestionarlo?

El miedo surge ante un peligro real e inminente. La ansiedad es sobre todo un temor imaginario. Por tanto, la mayoría de las situaciones de temor que vivimos en Occidente (donde no suelen dispararte por la calle ni te persiguen leones) son, técnicamente, ansiedad.

Es interesante también hacernos esta pregunta: «¿Dominamos el miedo o nos domina él a nosotros?». La respuesta es: «Depende». Depende de la persona y, sobre todo, de la situación y de a quién afecte. Cuanto más amenazado te sientas, más te dominará el miedo. Cuanto más importante sea para ti algo o alguien, más fácil será sentir la amenaza, y cuanta más inseguridad y falta de confianza o baja autoestima tengas... más miedos habrá. Esto explica, por ejemplo, que algunos progenitores respondan de manera agresiva ante una dificultad de su hijo o hija, porque se sienten amenazados fácilmente y quien habla en ese momento es su miedo (instintivo e irracional).

¿Y cómo nos afecta? Como ya he dicho, si no lo regulamos y lo afrontamos, **el miedo nos paraliza**, a veces por completo. Participé en un proyecto maravilloso con el Hospital Sant Joan de Déu de Barcelona, con niños y niñas afectados por neurofibromatosis tipo 1 (NF1) y sus familias, donde pequeños y mayores entrenaban sus competencias emocionales con caballos y actividades en la naturaleza durante doce mañanas. Allí pudimos observar, y ellos mismos también se dieron cuenta, cómo había padres y madres que estaban paralizados desde hacía cinco o seis años, desde el mismo instante en que habían diagnosticado la enfermedad a sus hijos. Esa «parálisis», en diferentes intensidades, la hemos vivido casi todos: por ejemplo, cuando vamos al médico, al abogado o a una reunión importante, nos dan una mala noticia y nos quedamos callados y no preguntamos nada. Ahí es cuando el miedo toma las riendas y nos paraliza hasta el punto de no poder ni hablar. Si dura un rato no pasa nada grave, pero no podemos permitir que dure años, sobre todo cuando recibimos un diagnóstico negativo, porque es cuando necesitamos más que nunca tener el control, y obtener un montón de información fiable para poder tomar decisiones inteligentes, es decir, acertadas, porque nuestra vida o la de alguien a quien queremos está en juego.

Como progenitores debemos estar siempre activos o muy activos, depende de la personalidad de nuestros hijos. Pero

si encima hay una enfermedad de por medio, y de tipo onco-
lógico como es la NF1, es importante afrontar el miedo con
valentía y optimismo, y tener el control, ya que algunas veces
su vida depende de ello.

Además de provocar esta parálisis, que según en qué
momentos es una clara desventaja para ir por la vida, el miedo es una emoción invasiva, es decir, cada vez se hace más
grande dentro de nosotros. Por ejemplo, si a un niño le dan
miedo los gatos cuando es pequeño y no se le enseña a
afrontarlo, al final seguramente le darán miedo otros animales, como los perros, los caballos, las aves, etcétera. Y cuando el miedo es muy grande, más difícil será superarlo y, por
tanto, a medida que crezca lo habitual será que se bloquee
o se paralice. Ya lo hemos visto, es mejor que nos entrenemos poco a poco en ser conscientes de cuándo es el miedo
el que habla o actúa por nosotros para, con un poco de valentía, tenerlo siempre bajo control y conseguir que nos deje
en paz.

A este respecto, hay miedos que no es necesario afrontar,
como nadar entre tiburones (¡a no ser que seas un biólogo
marino especializado en condrictios!). Pero todos aquellos
que pertenecen a la vida cotidiana (miedo a los animales, a la
oscuridad, a las alturas, a dormir fuera de casa, a hablar en
público, a socializar, etcétera.) y que de algún modo pueden
impedirte avanzar, deberían ser afrontados al ritmo de cada
persona, como verás en la tercera parte de este libro.

Ya he comentado que **el miedo es contagioso**, por tanto, se traspasa a las personas que nos rodean. Si entras a

trabajar en una empresa donde se respira temor (por la cultura empresarial o por la forma de liderar), en unas tres semanas será tu miedo el que tomará las decisiones, no tú (a no ser que tengas mucha consciencia y regulación emocional, y trabajes intencionadamente en contra). Otro recurso es contestar a la siguiente pregunta: «¿Cuántos miedos de tu padre o tu madre has heredado?». Sí, además de heredar casas, coches y fortunas (o hipotecas) ☺, también heredamos los miedos de padres, abuelos e incluso sagas familiares enteras.

Está claro que el miedo nos paraliza y nos hace interpretar lo peor, que hay mucho miedo imaginario, que nos convierte en desconfiados y que nos hace sentir inseguros y amenazados… Así las cosas, es muy peligroso tenerlo sin control, ¿no? Es temerario que nadie nos lo enseñara de pequeños, ¿verdad? Y terrible haberlo vivido en una pandemia mundial y que nadie nos lo explicara en la televisión.

Son muchos los miedos que tenemos, siendo el miedo a la muerte uno de los más evidentes. Pero hay otros que pasan más desapercibidos. Por ejemplo, ¿sabes cuál es el mayor miedo que tenemos los españoles? ¡El miedo a lo que piensen los demás de nosotros! Curioso, ¿no? Aunque es interesante tener este tipo de información si nos relacionamos con personas, pues nos ayudará a darnos cuenta de cuánto utilizamos la armadura para esconder nuestra vulnerabilidad. Seamos conscientes y utilicémoslo a nuestro favor, por ejemplo para conocernos más y entender que nuestra autoestima (y la de todos) es más frágil de lo que desearíamos.

Y llegados a este punto, sabiendo qué es el miedo, para qué nos sirve y cómo detectarlo, tal vez ya no asuste tanto, ¿no? Pero hay mucho más que necesitamos saber no solo para afrontar nuestros temores, sino para ayudar y acompañar a los demás y que esta emoción les deje un poco en paz, que ahora mismo es lo que más necesitamos: ¡paz!

4

Tipos de miedo y sus dimensiones

> Gestionemos nosotros el temor, y que no sea
> él el que nos gestione a nosotros.

Mi trabajo como educadora emocional es eminentemente práctico tanto si estoy con niños y niñas como si estoy con jóvenes o adultos. Cuando algo es vivencial, se aprende, por eso entreno las competencias emocionales con actividades *outdoor* en la naturaleza. Ahí es cuando siento que lo que hago es verdad, y veo con claridad que ese grupo de personas se van diferentes de como llegaron. Siempre he necesitado trabajar e investigar con rigor, supongo que gracias a ello se consiguió el Método La Granja, cuyos resultados han sido evaluados y demostrados científicamente por el GROP de la Universidad de Barcelona y fueron publicados en la *Revista de Investigación Educativa*.[1]

---

1. C. Gutiérrez-Lestón *et al.*, «Innovación de educación emocional en el ocio educativo: el Método La Granja», *Revista de Investigación Educativa*, 38, n.º 2 (2020), pp. 495-513, <http://dx.doi.org/10.6018/rie.405721>.

Cuando trabajas en la trinchera, donde todo te salpica, la teoría está bien, pero necesitas un montón de recursos prácticos, que son los que quiero compartir contigo en este libro. No obstante, aunque te explique lo que a mí me funciona, no todo se puede escribir o estudiar. Hay que vivirlo. Incluso habiendo evidencias, te aseguro que la realidad supera la ficción un millón de veces y contradice los datos de diferentes autores otro millón más. Al final, casi todo es relativo.

Creo firmemente que el truco para conseguir estos resultados, que sorprenden a muchos, es trabajar con la intencionalidad de mirar y ver qué hay detrás de cada persona. Y para ello solo hay que ser auténtico, estar muy muy abierto y olvidarte de lo estudiado. Al fin y al cabo, todo sale de ti y de lo que tú has integrado, que no memorizado. En mi trabajo, memorizar sirve de poco, porque, ante una situación compleja, la memoria falla y casi nunca viene a socorrerte. Pero lo que llevas integrado sí, porque lo has vivido y sentido, y eso nunca te deja tirada.

Por mi experiencia, que haya diferentes tipos de miedo no es lo importante. El miedo es el miedo, y hay tantos tipos como personas, situaciones y vivencias. Así pues, suelo centrarme en que las personas obtengan recursos para darse cuenta de cuándo es el miedo el que gobierna y guía, y ofrezco herramientas de afrontamiento. He observado que cada vez que alguien ve y siente cómo funciona esta poderosa emoción, los recursos le sirven para prácticamente todos sus miedos, excepto cuando el miedo es patológico, pero ahí ya entramos en el terreno de los profesionales sanitarios (psicólogos, terapeutas o psiquiatras).

Llegados a este punto, conviene dejar claro que la Educación Emocional pertenece al ámbito de la prevención, es el antes de la patología, y considero que es la herramienta más interesante y potente para la salud emocional si se hace de manera experiencial y con rigor. Si hay salud emocional, habrá salud mental, y si no hay salud o bienestar emocional, no habrá salud mental. De la salud mental, como decía, se ocupan los profesionales sanitarios, pero de la salud emocional debemos ocuparnos todos y todas, porque se trata de educar lo que sentimos, y en ese sentido todos somos responsables: padres y madres, maestros y profesores, entrenadores, líderes, medios de comunicación, empresarios y trabajadores, porque en las organizaciones también se crece y se aprende.

Aunque hablaré de tipos de miedo, prefiero el enfoque que he estado aplicando en los capítulos anteriores sobre las dimensiones del miedo.[2] Me gusta explicar que el miedo pequeño empieza por el nerviosismo, el recelo, estar desasosegado, sentirse vulnerable o temeroso por algo real (un examen, una entrevista de trabajo, salir de campamentos...) o imaginario («¿Y si no hago amigos?», «¿Y si fracaso?», «¿Y si se cae el avión?»...). Si no nos damos cuenta de eso

2. Rafael Bisquerra y Nuria Pérez, «Las competencias emocionales», *Educación XXI*, vol. 10 (2007), pp. 61-82.

que sentimos y que tanto nos incomoda (consciencia emocional) y no lo regulamos y afrontamos, el miedo es tan poderoso que se hace cada día un poco más grande en nuestro interior, llegando fácilmente al espanto, y entonces estaremos demasiado cerca del pavor, o del pánico, o incluso del terror, el horror o la fobia (xenofobia, homofobia...). Si tienes pensamientos xenófobos, pregúntate: «¿Qué miedo hay detrás? ¿Qué me hace sentir amenazado?». Y córtalo de raíz, pues ya sabes que cuanto más grande es el miedo, más difícil será afrontarlo y más recursos necesitarás, incluyendo la ayuda profesional. Por eso el truco es hacer el miedo pequeño, como explicaré en la tercera parte del libro.

En cuanto a los tipos de miedo, ya he comentado que el **miedo a la muerte es uno de los más intensos**, en especial cuando las circunstancias nos hacen vivirla de cerca. Es natural sentir ese miedo siempre y cuando sea funcional, es decir, que nos funcione para ser prudentes y actuar de manera sana e inteligente para conservar nuestra vida y nuestro bienestar (si es patológico, la solución es solicitar ayuda profesional).

Pero hay otros temores, como el **miedo a lo que piensen los demás de nosotros**, que también he mencionado y que es muy común. Ser animales sociales evolucionados tiene parte de la responsabilidad, aunque el sentimiento de culpa ha tenido también mucho que ver, sobre todo en países de tradición católica, pues estaba muy arraigado en la sociedad. Otra curiosidad, esto nos lo explicó en una formación

Rafael Bisquerra, sabio maestro y amigo, es que hay una emoción que los norteamericanos han bautizado como *Spanish emotion*, y no es otra que la vergüenza ajena. Avergonzarte por algo que tú has hecho es lógico, pero les cuesta comprender que nos avergoncemos por algo que hace otra persona. ¿Por qué lo haremos? ☺

Otros miedos típicos son: el **miedo a la oscuridad** (recuerda que el miedo es falta de información, y si no vemos es muy fácil que nos paralice); el **miedo a la enfermedad** (es cuando pensamos: «Y si… ¡el dolor de cabeza fuera un tumor!». Esos pensamientos tóxicos hay que detenerlos, y si tienes dudas acude al médico, pero no dejes que se apoderen de ti o te convertirán en un hipocondriaco, que es cuando el miedo te ha atrapado); el **miedo a los animales**, que suele empezar en la niñez, si se nos ha sobreprotegido apartando a perros o gatos para que no nos asustaran (a corto plazo funciona, pero a largo plazo viviremos con nerviosismo el simple hecho de bajar a la calle porque siempre habrá algún perro paseando).

Pero hay más, como el **miedo a lo nuevo** o lo desconocido; esta emoción es archienemiga de abrir la mente y ser valiente, lo cual es necesario para probar platos nuevos, conocer gente diferente o países y costumbres ajenas.

También están el **miedo al compromiso** (por temor a perder la libertad, por inmadurez emocional o por experiencias negativas), el **miedo al fracaso** (que conlleva pensamientos recurrentes en las personas con baja autoestima o en las perfeccionistas, que suelen confundir el éxito con su identidad), o el **miedo a la soledad** (tiene sentido porque somos animales sociales, aunque también es un temor muy cultural, pues hacer lo que se espera de nosotros no incluye vivir solo o sola; de ahí la expresión peyorativa «quedarse para vestir santos»).

El **miedo a la separación** surge ante la ruptura de un proyecto de vida, como puede ser un matrimonio. Es un cambio radical que trastoca muchos aspectos profundos de las personas (decepción, tristeza, rabia, frustración, etcétera). Y a los hijos, la pérdida de la estabilidad familiar cuando se separan los padres les asusta muchísimo, les preocupa ver sufrir a su padre o a su madre, además de la incerteza que acompaña estos procesos: cómo serán sus nuevos hogares, sus horarios o las nuevas parejas y hermanastros que puedan llegar.

Por supuesto, existe el **miedo a perder el trabajo**. Es una amenaza directa al sustento familiar, y también a un estilo de vida, a la autoestima o al reconocimiento social, que, naturalmente, asusta a muchas personas, sobre todo en un mundo con cambios constantes que nos generan inseguridad.

Como ves, los miedos son interminables, hay tantos como cosas o situaciones existen: miedo a las avispas, a las arañas, a la comida, a las alturas, a montar en avión, a hacer el ridículo, a coger peso, a no encontrar el vestido perfecto para un evento, a no cumplir con las expectativas de los demás, a no conseguir lo que se desea, a que se acabe el mundo… Da igual el tipo de miedo, porque siempre vamos a sentir alguno. Lo importante es darnos cuenta. **Gestionemos no-sotros el temor, y que no sea él el que nos gestione a noso-tros.** Si lo conseguimos siete de cada diez veces, la cosa irá genial. ☺

5

La ansiedad: miedo al futuro

¿Cuánto te aterra no tener algo que hacer?

Antes de centrarnos en la ansiedad, el estrés y esa presión que la mayoría nos autoimponemos, hablemos del contexto, de por qué estos estados se han generalizado no solo en el mundo laboral, que de algún modo sería comprensible por el alto nivel de competitividad que existe, sino también en nuestro hogar, en el colegio, en la manera de educar a nuestros hijos e hijas, e incluso en cómo nos relacionamos con nuestros amigos o familiares.

La ansiedad y el estrés han aumentado de tal modo que casi podríamos decir que han inundado el mundo sin control. Su crecimiento en el último decenio es digno de estudio. Veamos algunos de los motivos que, a mi entender, tienen parte de responsabilidad en este hecho que tanto afecta al bienestar físico, emocional y psicológico de las personas que nos rodean.

La nueva información que el cerebro debe procesar

El cerebro es el órgano encargado de gestionar toda la información sensorial que nos llega, sea visual, auditiva, olfativa o táctil. Todo ello forma parte de un mecanismo natural que tenemos para controlar nuestro entorno y evitar los peligros, asegurando así nuestra supervivencia (ya sabes, si huele a quemado, alejarte del incendio; o si alguien grita, estar alerta). La aparición de las nuevas tecnologías a finales del siglo XX incrementó la cantidad de información nueva que recibía nuestro cerebro, estresándolo y presionándolo por ese **increíble aumento de datos que procesar**.

Al principio de la era internet, aún podíamos gestionarlo. Recuerdo que por aquel entonces, en torno al año 2000, la búsqueda de información era voluntaria, tú encendías el ordenador y la buscabas, y lo que nos llegaba de manera involuntaria eran los anuncios de la televisión o la publicidad en la calle, por ejemplo.

Pero en cuestión de diez a quince años eso cambió por completo con la aparición de los móviles conectados, los anuncios emergentes en las pantallas, las series inacabables de Netflix, los juegos de ordenador con recompensa inmediata que nos mantienen en alerta y literalmente enganchados. O los continuos mensajes de los grupos de WhatsApp, o las redes sociales, con esa presión de tener que mantener Instagram, TikTok, Facebook y LinkedIn al día y contestando a todo, no vaya a ser que nos critiquen.

En el siglo XIX, los europeos recibíamos una media de entre cinco y diez nuevas informaciones diarias. En aquella época, la mayor parte de la población trabajaba en el campo, y pocas novedades sucedían que supusieran una nueva información o algo que el cerebro no conociera. No debía valorar ni tomar demasiadas decisiones, pues el camino (normas sociales) estaba muy marcado. En la actualidad, nuestra mente está recibiendo centenares de nuevas informaciones e inputs diarios. Y, por supuesto, existe un nivel de libertad suficiente como para tomar decenas de decisiones (desde escoger el tipo de champú teniendo en cuenta las últimas novedades, hasta el tipo de educación que elegimos para nuestros vástagos).

La emoción de la sorpresa capta nuestra atención, y el marketing emocional lo sabe y lo aprovecha. Así pues, los anuncios emergentes en las pantallas, por ejemplo, saben cómo captar lo que nos interesa y, por ende, a nuestro agotado cerebro, que debe procesarlo todo, pues es nuestro vigilante más fiel cumpliendo con su misión: mantenernos seguros y alertarnos de cualquier posible amenaza o avisarnos de aquellas cosas que nuestro corazón desea.

Como ves, no le hemos dado mucho tiempo para adaptarse, así que lo tenemos un poco loco, sobre todo si no gestionamos de manera consciente todo lo que nos llega, es decir, si no decimos: «Basta. Paro de inputs y voy a relajarme en la bañera o a pasear por el bosque sin móvil».

A mi entender, este exceso de información que debe procesar nuestro cerebro es una de las causas que explican el contexto del aumento de la ansiedad y el estrés.

La creencia social de que ir acelerado es sinónimo de éxito

Creo sinceramente que este es un segundo motivo de reflexión. Fíjate en un detalle: hoy en día, ir acelerado todo el día mola, está de moda en muchas sociedades occidentales; ya sabes, eso de hacer un montón de cosas porque es sinónimo de importante, y signo de felicidad y estatus. Hablo de tener constantes cenas con amigos, el tiempo libre repleto de planes y la agenda del día cronometrada. Hasta parece que nos aterra tener el fin de semana en blanco.

Por otra parte, relacionamos el descanso, el estar tranquilos, con «perder el tiempo». Curioso, ¿no? Porque descansar o relajarse es aprovechar el tiempo, y si no pregúntale a tu cerebro, que muchas veces te lo pide desesperadamente (incluso de forma abrupta con un ataque de ansiedad, de esos que te paralizan de golpe).

Otro ejemplo es cuando te dicen con asombro: «Pero ¿no hiciste nada el domingo?». Y si contestas: «Bueno, sí, descansar porque trabajo duro entre semana», entonces te miran como diciendo: «Ay, pobrecita, tu vida es muy dura si no puedes hacer cosas o no tienes amigos», y de paso te hacen sentir como una «pringada» o una asocial.

Así que, como no quieres ser la rarita, los siguientes fines de semana te montas unos superplanes, esos que la tele o las redes sociales te dicen que son los guais, los que tocan. Y así, acabas haciendo un montón de cosas también los fines de semana o cada tarde, por aquello de cuanto más, mejor: reír con amigos, todos guapos y guapas, por supuesto, en una playa idílica, con un sol maravilloso y una cervecita de marca en la mano. Y luego lo compartes en el Insta para que todos sepan que estás hiperocupada, con lo cual, eres una persona de éxito: éxito social, éxito laboral, éxito físico y éxito como papá o mamá. Y encima, como en Europa vivimos bastante en la cultura de que, por nuestra imagen, somos capaces de hacer casi cualquier cosa, pues colgamos las fotos más perfectas en las redes para sentirnos admirados y dignos de pertenecer a la «tribu de los top».

Vamos, que nos montamos la película de que tenemos que ser la bomba, y como eso es difícil, o directamente imposible porque nadie es un 10 en todo, nos frustramos y añadimos más presión a nuestro cerebro, y también a nuestro corazón, que lo ve y lo sufre todo sin decir nada.

Y esa expectativa, no real, pero expectativa al fin y al cabo, aumenta tu ansiedad por cumplir, por llegar al objetivo de acabar siendo lo que aparentas ser. Y eso casi nunca sucede, o al menos de verdad, porque tú eres tú, no el personaje que te creas y pretendes ser, o que la sociedad o la moda o los valores de tu comunidad te «obligan» a ser para sentirte bien contigo mismo, tras recibir su aceptación y admiración.

Recuerda que para «ser», primero has de saber quién eres, y ello requiere tiempo, tranquilidad y reflexión, es decir, todo lo contrario de la hiperocupación. De hecho, me atrevería a afirmar que las personas que van por el mundo aceleradas solo serán eso, **personajes construidos sobre expectativas y creencias sociales**. Y cuando todo va bien, pues funciona, pero cuando aparece una dificultad en el camino, ¡ay, amigo!, entonces cuidado, porque tu vida es un castillo de naipes, y al primer soplo de viento se caerá y no sabrás ni por dónde empezar para volver a levantarlo, porque esas cartas ya no te servirán. Es cuando el «yo ideal» cae y solo queda el «yo real», ese al que hace mucho tiempo que nadie mira y nadie quiere, empezando por ti.

Construir una vida con cimientos sólidos empieza por el autoconocimiento, por saber quién eres, qué quieres, qué te gusta, qué no, cuáles son tus valores de vida y cuáles no quieres ni en pintura... Y para ello necesitas querer conocerte, y luego un poco de tiempo para hacerte estas preguntas e ir respondiéndolas poco a poco.

Cuando te respondas, verás que eres capaz de identificar aquello que no va contigo, por mucho que los colegas o los amigos o las redes te digan lo contrario. Y percibirás también que tienes la seguridad de no cambiar lo que te apetece hacer (descansar el domingo, por ejemplo), sin sentirse avergonzado o culpable. Y observarás que es precisamente ahí cuando tu seguridad crece y consigues que los demás te sigan porque empiezas a ser auténtico, es decir, tú mismo, tú misma. Y eso gusta, sorprende e impresiona, porque cada día hay menos personas así.

Aunque eso no significará que nunca vayas a sentir estrés, ni presión ni ansiedad. Son emociones naturales que experimentamos todos los humanos. Pero al menos te darás cuenta y serás capaz de gestionarlas tú a ellas y no ellas a ti, que es cuando empiezan los problemas.

Quiero añadir también que la percepción del tiempo es relativa. Los hay que siempre van con prisa, pero en realidad hacen pocas cosas y no suelen ser ni importantes ni de gran ayuda a la comunidad. El motivo es que correr nos lleva a la superficialidad, digamos que la prisa no es amiga de lo profundo, de rascar y ver por qué nunca tienen tiempo… solo prisa. Y hay los que aparentemente hacen menos porque no van corriendo todo el día, pero, no sé, ves que les cunde la vida. ¿Sabes por qué? Porque la serenidad y la calma son amigas de la inteligencia, de las decisiones acertadas y de tener las situaciones bajo control.

Otra pregunta interesante es: **«Si la ansiedad quema, ¿por qué no nos apartamos de ella?»**. La respuesta, o más bien mi respuesta, sería que «por simbiosis». ¡Vivimos en ella! Me gusta utilizar la metáfora del «síndrome de la rana hervida» del filósofo Olivier Clerc. Explica que cuando un problema es progresivo y muy lento, la falta de consciencia hace que no reaccionemos. Clerc hizo un experimento con una rana: si la ponía en agua hirviendo, esta saltaba enseguida; pero si la ponía en agua tibia y subía la temperatura muy muy lentamente, la rana acababa muriendo cocida, sin saltar, sin reaccionar y sin darse cuenta. Y eso también nos pasa a los humanos. ¿En cuántas situaciones hemos sido la rana de Clerc? Y en este punto solo tenemos un arma que nos ayudará, y es darnos cuenta de lo que sentimos, ser lo bastante sensibles para notar el aumento de la temperatura del agua. Y a esto se le llama «consciencia emocional».

La ansiedad y el estrés nos acaban quemando, eso lo sabemos todos, pero seguimos sin reaccionar ni cambiar nada. Imagínate que enciendes un fuego, pones la mano, ves y sientes que te quemas, y aun así no haces nada para sacarla. Pensarás que es de tontos, ¿verdad? Entonces ¿por qué nos quemamos? (Esto pasa en algunos trabajos, grupos de WhatsApp, relaciones tóxicas, etcétera). ¿Qué necesitamos? ¿Cocernos como la rana? ¿Salir dolidos, apaleados o muertos emocionalmente?

En realidad, hacer algo «porque es lo que toca» no mejora las cosas, como por ejemplo los famosos grupos de WhatsApp del colegio, algunos de los cuales son un despropósito y encima nos roban tiempo. Pero, aun así, no nos salimos por miedo a lo que los demás piensen o digan de nosotros. Hay cosas que nos estresan pero que, sí o sí, tenemos que hacer porque no podemos evitarlo, tanto en casa como en el trabajo, pero hay otras de las que sí podemos prescindir.

Un recurso para resolver esta situación poco a poco es que, si algo te agobia, te preguntes si puedes soltarlo, dejarlo ir. Y empieza a tomar el control de las presiones que te rodean y no te interesan, ni a ti, ni a tu cerebro, ni a tu corazón. Recuerda que lo que tú hagas los que te rodean lo aprenderán, hijos e hijas incluidos.

Ya sabemos que es difícil tener tiempo hoy en día. Pero ese tiempo es nuestra salud mental. Si hay poco tiempo, habrá poca salud. Así que te invito a escoger en qué quieres invertirlo e intentes no malgastarlo.

Por último, no olvidemos que somos animales sociales,

y que sentirnos aceptados en nuestra comunidad o en nuestro grupo de amigos, familia o trabajo nos produce bienestar y aumenta nuestra autoestima. Y por el mismo motivo, ir a contracorriente nos genera lo opuesto, además de inseguridad, desconfianza y miedo añadido. Por eso cuesta tanto ir a la contra. Pero recuerda también que las creencias sociales son inconscientes, y que decidir cómo quieres sentirte depende de ti, solo de ti.

LA ANSIEDAD

Si no pensáramos en el futuro, no existiría la ansiedad.

Etimológicamente, «ansiedad» proviene del latín *anxietas*, y significa «angustia, estrecho, que oprime y duele». Según Rafael Bisquerra,[1] la ansiedad es un «estado de inquietud del ánimo que se experimenta ante un riesgo imaginario que, si bien es posible, es poco probable».

Como ya he comentado, sentimos miedo cuando vivimos una situación de peligro real e inminente: una bronca en el trabajo, un virus mortal, una guerra; cuando el peligro es imaginario, lo que sentimos es ansiedad.

Este estado de inquietud se alimenta principalmente de nuestros pensamientos y nuestras creencias, por ello es

1. Rafael Bisquerra y Giselle Laymuns, *Diccionario de emociones: y fenómenos afectivos*, Valencia, PalauGea Comunicación, 2016.

importante tener en cuenta tres aspectos: primero, pregúntate qué creencia se esconde tras ese cuento que te cuentas («Seguro que me sale mal», «Siempre tengo mala suerte», «Soy inferior a ellos»…); segundo, pon conciencia a los pensamientos que te llevan al futuro con el famoso «Y si» («Y si me dejé la puerta de casa abierta»…), ya que te generarán más incertidumbre y, por tanto, más miedo; y tercero, date cuenta de los pensamientos que te llevan al pasado, pues muchas veces nos provocan sentimiento de culpa, remordimientos o tristeza («Y si me hubiera atrevido», «Y si le hubiera llamado»…).

Cuando nos hallamos en estado de ansiedad, el cuerpo se activa, se pone en alerta para prevenir y anticiparse a todo lo que pueda ocurrir, para estar preparado y atento a ese peligro irreal, pero a veces es desproporcionado, puesto que la imaginación no tiene límites. Es cuando no sabes muy bien qué te asusta ni por qué, ya que todo es bastante difuso y confuso, pues el peligro no es inminente. Pero, aun así, nuestros mecanismos fisiológicos se predisponen para el ataque o la huida como si el peligro fuera real: aumenta el cortisol en sangre (la famosa hormona del estrés), se aguzan los sentidos (vista, oído, olfato), el corazón bombea más sangre (nos notamos alterados, inquietos, preocupados, etcétera).

Dicen que **si no pensáramos en el futuro, no existiría la ansiedad**. Pero como no podemos evitarlo, debemos lograr regularla no solo para sentirnos medianamente bien, sino para no llegar a la patología, que es cuando la preocupación es persistente y excesiva y necesitaremos ayuda profesional (trastorno obsesivo-compulsivo, estrés postraumático, fobias, etcétera).

Como sabes, la Educación Emocional es la herramienta preventiva más eficaz hasta la fecha para evitar las enfermedades mentales. ¿Por qué no usarla más?

Hay trucos para regular la ansiedad, y son tan sencillos que hasta los más pequeños pueden utilizarlos, como hacemos en mi trabajo. Te explico estos tres:

1. Oriéntate en el «aquí y ahora». Se trata de la famosa «mente presente» o la actitud de «en el presente, presencia». Es decir, cada vez que tu mente se vaya al futuro o al pasado con el típico «y si», contéstate a ti mismo: «Eh, ahora es ahora, y después es después», o «Lo que haya de ser será, yo ahora me ocupo de lo que está pasando y lo otro ya lo solucionaré cuando suceda... si es que sucede».

2. Estate atento a la ansiedad que te rodea, porque ¡se contagia! Si alguien está preocupado, pregúntale: «¿Estás haciendo la peor interpretación posible?». Y recuerda que si los demás están bien, tú estarás mejor, por lo que ayudar te ayuda.

3. La ansiedad oprime, como si se tratara de un camino que se estrecha a nuestro paso. Imagina que estás en un laberinto con un montón de pasillos por los que caminas e incluso corres buscando una salida, pero te encuentras una pared delante y tienes que dar media vuelta y seguir buscando. Recorres los mismos pasillos y te agobias porque no ves una salida, esa que te permitirá

por fin respirar. Cuando nos sentimos perdidos nos falta el aire, lo que nos inquieta más y nos hace sentir la amenaza más grande. Y por mucho que ese miedo sea imaginario, lo sentimos como real. Nuestro corazón se acelera, nos cuesta dormir y no podemos dejar de pensar en ello. Pero siempre hay una salida.

En La Granja tenemos el Laberinto de la Ansiedad, donde reproducimos esta sensación con el fin de entrenar de manera vivencial los recursos para gestionarla, para que seamos nosotros quienes la gobernemos a ella y no al revés. Y sirve para los adultos y para los pequeños, pues ellos también lo necesitan. El recurso que les damos es la **fórmula del principio natural, el principio condicionante y el problema**, que consiste en preguntarte: «¿De qué naturaleza es ese problema que tengo y que me angustia?».

Si es un **principio natural**, algo sobre lo cual no tengo ningún control (por ejemplo, me agobia cumplir cincuenta y seis años o que llueva el día de mi boda), solo puedo hacer dos cosas: adaptarme y tener paciencia. Quiera yo o no quiera, el principio natural se cumplirá, no está en mis manos cambiarlo.

Si la preocupación que no me deja dormir encaja en el **principio condicionante**, algo que puedo cambiar de algún modo, lo que necesito es voluntad. Por ejemplo, si mi problema es que soy cajera en un súper y me agobia tener que trabajar los sábados, eso seguirá pasando mientras sea cajera, pues los supermercados abren los sábados. A no ser que me pregunte: «A ver, Cristina, ¿a ti qué te gustaría hacer que no implique trabajar los fines de semana?». Podría responderme a mí misma que me encantan los niños y que podría apuntarme a un curso online de Técnico de Educación Infantil o Auxiliar de Guardería, por ejemplo. Lo haría los domingos y los ratos libres. Y en dos o tres años tendría el título y acabaría encontrando un empleo que no supusiera trabajar los sábados. Esto sería un principio condicionante, y requiere voluntad, esfuerzo y perseverancia.

Y el tercer aspecto es: ¿Esto que me angustia tiene algo de **problema**?». Un problema es algo que debe ser resuelto. Por ejemplo, una discusión con alguien o una queja de un cliente que precisa de una solución rápida. Y para ello lo que necesito es acción, es decir, hacer algo ya, además de un poco de valentía y de serenidad, que siempre vienen bien, ¿verdad?

Ahora voy a pedirte algo: cierra los ojos y piensa en el último problema que te haya agobiado en casa o en el trabajo. ¿Lo tienes? Ahora responde: ¿ese problema tiene una parte de principio natural? Aquí necesitarás aceptación y paciencia. ¿Y tiene algo de principio condicionante? Aquí la voluntad es la clave. ¿Y de problema tiene algo? Entonces necesitarás actuar.

Se ha observado que los grandes líderes tienen una gran capacidad para calibrar y afinar estos tres principios, por eso son tan resolutivos. Y así ahorran tiempo, pero sobre todo se ahorran ansiedad.

A nivel organizacional, es importante regular la ansiedad, porque en la mayoría de las empresas se han detectado niveles muy altos. No olvidemos que el miedo paraliza y, estadísticamente, hace que se tomen decisiones menos inteligentes.

Pero sigamos, porque aún nos queda el estrés, que va de la mano de la señora Ansiedad.

EL ESTRÉS

La palabra «estrés» deriva del latín *stringere*, cuyo participio pasado es *strictus*, y significa «ceñir, atar con fuerza».

El estrés también produce una agitación en nuestro estado emocional, la cual nos sobreviene ante una situación que nos sobrepasa porque tenemos la sensación de que nos faltarán recursos o conocimientos o tiempo para resolverla. Como la ansiedad, nos cansa física y mentalmente.

Cuando esto sucede, la presión, ese peso que sentimos encima, nos acecha. Y la autopresión, que es cuando el peso nos lo ponemos nosotros, a veces sin necesidad, viene dada por nuestras creencias, esas que se forjaron en nuestra infancia y están influenciadas por la cultura, la religión y la educación que nos inculcaron («Tengo que llegar a todo», «No puedo equivocarme», «He de hacerlo todo perfecto», etcétera).

Como mecanismo de defensa, el cuerpo reacciona a nivel emocional, fisiológico, de pensamiento y de comportamiento para ayudarnos a afrontar la situación de amenaza, nos pone en estado de alerta y maximiza todos nuestros recursos para aumentar las posibilidades de éxito ante ese suceso.

Solemos creer que el estrés es malo, pero esto no es del todo cierto. Cuando entendemos las estrategias emocionales de las que estamos dotados, nos damos cuenta del poco provecho que les sacamos, por ejemplo si no sabemos distinguir entre el eustrés (estrés positivo y óptimo para el rendimiento) y el distrés (estrés negativo que provoca la disminución en nuestro rendimiento). Te lo explico:

- El **eustrés** es aquel que te estimula y te activa para que afrontes un reto (un examen o una reunión de trabajo) al máximo rendimiento, y te hace poner en práctica todos los recursos personales que tienes, es decir, consigue que pongas toda la carne en el asador para alcanzar tu propósito. Cuando acaba el reto, la activación desaparece y vuelve esa tranquilidad que te restaura.

- El **distrés**, también conocido como «estrés desagradable o negativo», es aquel que produce una progresiva pérdida de energía, agotamiento emocional y desmotivación general. Una tensión o un eustrés continuado puede acabar en distrés. Hay bastantes casos de cantantes, incluso de deportistas de élite en las Olimpiadas de 2021, que han sucumbido al distrés, abandonando los escenarios o la competición temporalmente para recuperarse.

- Y quiero añadir el **síndrome de *burnout*** o «del trabajador quemado», que se da cuando la situación de estrés en el ámbito laboral se cronifica en el tiempo. Se manifiesta en un estado de agotamiento físico y mental que puede alterar la personalidad y la autoestima del trabajador, hasta llegar a la despersonalización y el aplanamiento emocional patológico, que es la dificultad para experimentar emociones y sentimientos.

Hay un pequeño truco que nos puede ayudar a diferenciar fácilmente si sentimos estrés o ansiedad. Es estrés cuando, una vez acabada la situación (el examen, por ejemplo), los síntomas desaparecen. Si es ansiedad, continuamos sintiéndonos amenazados y la reacción fisiológica (insomnio, nerviosismo, sudoración, aceleración cardiaca, etcétera) sigue ahí.

Por otro lado, la sociedad actual nos lleva hacia otra circunstancia: la aceleración del aprendizaje. El «cuanto más rápido, más inteligente y mejor eres» ha aumentado visiblemente los estados de ansiedad y estrés en menores, sometiendo al cerebro a realizar un esfuerzo mayor e impidiendo que descanse para que pueda rendir al máximo de sus posibilidades.

Pero ¿qué hay detrás de esa acelerada adquisición de conocimientos que fomentan muchos padres, madres y también la mayoría de los sistemas educativos? Lo que hay detrás es ansiedad y miedo como resultado de la presión, por haber transformado el aprendizaje en una carrera constante sin mucho sentido para los estudiantes, sean del ciclo formativo que sean, porque pocos saben para qué estudian (aparte de para aprobar el examen). El «gozo de aprender» desaparece, y la curiosidad innata de los niños y niñas se inhibe en nombre del «cuanto antes sepa, más inteligente será ahora y en el futuro». Curiosamente, y en clara contradicción, la neurociencia afirma que los estados de ansiedad y miedo disminuyen la memoria y la capacidad de aprendizaje, lo que impide en buena medida que aprendan mucho y en poco tiempo.

En esta era de la información en un clic (Wikipedia, Google, etcétera) nos encontramos con el síndrome del pensamiento acelerado (SPA), porque seguimos sin darnos cuenta de que no es lo mismo memorizar información que aprender.

Pero como ya he repetido varias veces, aunque hay días que parece que todo se nos pone en contra, disponemos de recursos fantásticos para compensar lo que el miedo, la ansiedad o el estrés nos provoca.

6

Otros miedos

MIEDO A LA MUERTE

> Hijo, si nos ha de preocupar algo, que no sea morir,
> sino cómo vivir.

El miedo a la muerte es uno de los miedos más comunes que tenemos en Occidente, y en los últimos decenios se ha acentuado, pues la seguridad y la sociedad del bienestar nos permitieron programar nuestra vida a años vista, acostumbrándonos social y culturalmente a negar la muerte, a verla como algo terrible, alejado y antinatural.

El hecho de no saber cómo explicarla, o cómo darle sentido, o tal vez cómo transitarla, o quizá solo porque resultaba incómoda ya que estropeaba nuestro plan de vida marcado, siempre ocupado y con la agenda repleta, hacía parecer que ya no teníamos tiempo para ella (con comentarios del tipo: «La verdad, eso de que se muera alguien me viene fatal ahora mismo»). Todo esto pasaba antes de la pandemia de la COVID-19, pero es significativo para entender ese miedo a la muerte en nuestra sociedad occidental, un tanto desnaturalizado, que en buena parte se debe a que si el miedo es falta de información, el hecho de alejarla nos ha apartado también de esa información necesaria para afrontar nuestro temor.

Como es lógico, si de manera inconsciente negamos la muerte, negamos también los rituales que la acompañan, como los duelos y las costumbres ancestrales que nos habían ayudado a transitar por ese duro proceso. En un mundo eminentemente cómodo, la muerte resulta dura y desagradable, así pues, la fuimos desterrando. Poco a poco la muerte se convirtió en un fenómeno circunscrito a los hospitales, y las exequias y los rituales se alejaron de las casas para profesionalizarse, convirtiéndose en algo habitualmente frío y alejado de lo natural y cotidiano. De hecho, llegó un momento en que la muerte de alguien te sorprendía como si fuera algo inusual, inundando con aún más miedo el proceso y haciendo desaparecer, de paso, muchos códigos y ritos funerarios mediante los cuales antes se podían expresar los sentimientos del duelo sin vergüenza, como las plañideras a las que invitaban los familiares y amigos para que lloraran durante horas.

Pocas veces el conjunto de sentimientos e intensas reacciones que implica una muerte (rabia, enfado, ansiedad, angustia, confusión, culpa, tristeza, apatía, depresión) tiene buena aceptación y un reconocimiento natural por parte de la sociedad. Hasta antes de la pandemia, predominaba una tendencia en el imaginario colectivo de negación de la muerte que la convertía en un tema tabú en muchísimas familias y colectivos, lo que nos hacía vivir ajenos a ella. Aún recuerdo los enfados de algunas profesoras cuando, paseando por la naturaleza, veían un animal muerto (un pájaro o un conejo) y nos increpaban para que lo escondiéramos, no fuese que traumatizara a algún alumno y los padres se quejaran. Incluso personas con enfermedades graves como el cáncer, o que estaban en cuidados paliativos, confesaban que no podían hablar de su muerte con sus familiares o amigos, pues todos rehuían o negaban el tema por puro miedo o incomodidad. No sé tú, pero si eso me pasara a mí, te aseguro que hablaría para sentir menos pavor a mi propia muerte. Que eso no se nos niegue en nuestros últimos días.

Pero no en todas partes es así; en Ghana, México, Indonesia, Nueva Orleans o Madagascar, la muerte es sinónimo de fiesta y celebración de la vida. En esas culturas, la muerte no es lo contrario de la vida, sino una consecuencia natural para la cual debemos estar preparados.

Para naturalizarla, algo obligado tras el impacto vivido con/en/por la pandemia, con millares de muertes en la mayoría de los países, es interesante ser conscientes de la incomodidad que en nuestra sociedad o en ti, o en tu familia, provocaba e incluso sigue provocando hablar de la muerte, a pesar de la curiosidad que tenemos los humanos por saber más. Como muestra, los niños y niñas que preguntan sin filtros con tan solo cinco o seis años. En cambio, cuando son más mayores, evitan tratar el tema y se callan porque ven que incomoda a sus padres o se ponen tristes. Y es que a veces nos aterra que nos pregunten porque nos cuesta responder, ya que **no nos educaron para afrontar la muerte**.

Tener información sobre el proceso emocional del duelo nos puede ayudar a tener una actitud más natural, valiente y tranquila, y sin tanto pánico o pavor. Recuerda que el miedo es falta de información, así que deberíamos informarnos, leer o documentarnos para no quedarnos paralizados si nos toca vivirla de cerca.

En las conferencias antes de la pandemia, muchos padres y madres me contaban que ocultaban a sus hijos que la mascota, o incluso el abuelo, había muerto por miedo a cómo se lo iban a tomar. En el fondo, nunca era el problema del niño, sino del padre o la madre, que no sabía o no se atrevía a explicarlo, pues le aterraba ver llorar o sufrir a su pequeño. La pregunta es: «¿Qué te pasa a ti cuando ves a tu hijo o tu hija llorar?», porque llorar para un niño es algo natural, igual que sufrir. Querer evitarle que sufra es una gran mentira, e imposible de conseguir por mucho que lo defiendas o lo sobreprotejas, ya que si no se burlan de él en el colegio lo harán algún día en las extraescolares, y el chaval lo resistirá si está preparado. ¿Qué objetivo perseguimos negándole un entrenamiento vital? ¿A quién protegemos realmente, a nuestro hijo o a nosotros mismos?

Siempre les contestaba lo mismo: «Dile la verdad, sin más: el abuelo ha muerto y lo vamos a echar mucho de menos; quiero que juntos lo recordemos cuando estaba bien, cuando nos hacía reír, cuando te enseñaba a ir en bici». Y si te pregunta: «Papá, ¿tú te morirás?», dile: «Sí, algún día. Pero sabes, hijo, no me preocupa morir, pues es inevitable, me preocupa más vivir. Por eso me cuido, trato de comer sano, hacer deporte y ver el lado positivo de las cosas para vivir muchos años. **Hijo, si nos ha de preocupar algo, que no sea morir, sino cómo vivir».** Los niños y niñas de tan solo cinco años entienden esta conversación, que suele acabar con un abrazo profundo de esos que nos hacen menos artificiales y muchísimo más humanos.

Si te preguntara desde qué emoción crees que es mejor hablar de la muerte con tu familia, ¿qué contestarías? Si es un tema tabú en tu ámbito familiar, la valentía, la sinceridad y la calma son una buena respuesta.

Una vez le preguntaron al Dalái lama qué le preocupaba de los hombres, y contestó: «Que viven como si no fuesen a morir nunca. Y mueren como si nunca hubieran vivido».

No mueras con la enorme tristeza de no haber vivido nunca, ni de no haber intentado al menos ser tú. Que eso no nos suceda a nosotros ni a nuestros hijos e hijas.

Miedo al amor

> No tener miedo al amor es lo que nos hace fuertes e imbatibles.

Decía Sócrates que «la verdadera tragedia de la humanidad es la cantidad de hombres que tienen miedo al amor». Y así como tenemos muy claro qué es el miedo a la muerte, el miedo al amor no lo identificamos tanto, lo que hace que sea más peligroso por el malestar profundo que provoca en tantísima gente.

Voy a centrarme en el miedo al amor en el mundo laboral, porque es un tema que surge muy a menudo cuando hago formaciones *outdoor* a empresas y organizaciones. En el ámbito personal, de pareja o familiar no observo tanto ese temor, por lo que es interesante reflexionar sobre ello en el ámbito profesional.

Piensa un momento en esas personas que dirigen empresas, equipos, grupos o proyectos, y lo hacen con rabia, enfado, ansiedad, envidia, apatía y egoísmo, o generando temor y desconfianza. ¿Te viene alguna a la cabeza?

Curiosamente, a estas personas no les da miedo la rabia ni utilizar el arma del miedo, pero les asustan las diferentes dimensiones del amor, como la empatía, el respeto, el agradecimiento, la confianza o el mero hecho de que la gente se sienta bien. Incluso hay antiguas creencias muy arraigadas, como la de que «si en la oficina hay buen humor y risas, es que no se trabaja».

No sé si este mundo adverso nos ayuda a darnos cuenta de que la necesidad de emociones positivas como el amor está en cada ser humano, incluso en esos hombres y mujeres asustados que acostumbran a estar enfadados buena parte del día.

Es importante entender que el amor no es solo el enamoramiento, sino que tiene muchas más dimensiones: la aceptación, el afecto, el cariño, la ternura, la simpatía, el interés, la empatía, la cordialidad, la confianza, la amabilidad, la afinidad, la gratitud y la compasión, hasta otras más intensas como la devoción, la adoración, la veneración o el enamoramiento.

Es decir, cuando alguien es amable, se interesa por lo que haces, te trata con afecto y es agradecido, la emoción que está detrás es el amor.

Ya hay estudios que señalan que la emoción contraria al miedo es precisamente el amor. Interesante, pues, ese ¡miedo al amor!

Cuando nos rodean las diferentes dimensiones del amor, nos sentimos muy bien porque esta emoción da sentido a nuestra naturaleza humana, y por ello compromete, genera vínculo y trabajo en equipo, además de proporcionarnos esperanza y convertirnos en seres generosos, valientes y agradecidos. Pero en el ámbito laboral lo usamos poco, y menos de forma intencionada, quizá porque nos avergüenza parecer débiles y vulnerables. Qué grave es confundir la debilidad con la vulnerabilidad, porque esta última es buena y natural en el ser humano, ya que nos hace ser justo eso, humanos.

No tener miedo al amor es lo que nos hace fuertes e imbatibles, y para ello contamos con la empatía, la confianza y el afecto. La pregunta es: ¿lo sabremos aprovechar?

MIEDO A SER HUMANOS EN EL TRABAJO

> Aprendamos cómo funcionan los humanos antes de pretender dirigirlos.

Amor y humanidad van de la mano, y hay unas horas en nuestro día a día, habitualmente de nueve de la mañana a cinco de la tarde, en que parece que no esté permitido ser humano, y por supuesto no está bien visto. Es una regla de oro no escrita pero que todo el mundo conoce: se espera de nosotros que dejemos las emociones y lo que sentimos fuera, en la puerta de la oficina, para convertirnos en máquinas productivas. Es probable que también sea lo que esperamos de nuestros compañeros y compañeras, porque cambiar el orden establecido nos perturba y nos desestabiliza. Eso de ver a alguien triste en la oficina incomoda y nos desconcentra de nuestra tarea, ya que sentimos que tendríamos que hacer algo al respecto.

Lo cierto es que nos pagan para producir, y es un intercambio lícito y, además, bueno. John Mackey y Raj Sisodia afirman que «la empresa es la mejor idea que hemos tenido como humanos».[1] Su tesis es que trabajamos en una empresa u organización y cuando terminamos la jornada vamos a otra empresa a comprar comida, al gimnasio, a cenar con los amigos; también es donde educan a nuestros hijos o nos curan las heridas. Nunca lo había pensado, pero sí, las empresas (autónomos, pequeñas, medianas, multinacionales, públicas, privadas) son omnipresentes y posiblemente sean una de las mejores ideas que hemos tenido, porque tienen el poder de dignificar a las personas, aunque también el de destruirlas y humillarlas.

No hay duda de que nuestra calidad de vida y nuestro bienestar dependen en gran medida de cómo funcionan y se

1. John Mackey y Raj Sisodia, *Capitalismo consciente*, Barcelona, Empresa Activa, 2016.

dirigen estos lugares de trabajo, aunque la responsabilidad no es solo suya, pues encontrarnos bien en ellas también depende de nosotros, de los que trabajamos, porque al margen de rol que ocupemos, en qué nos convertimos depende solo de nosotros.

Un estudio de Gallup (2010) mostró que solo el 30 % de los trabajadores estadounidenses se sentía implicado en su empresa. Es decir, de media, el 70 % no lo estaba. Esta estadística me lleva a una reflexión: de alguna manera, esta pésima implicación laboral es lógica, porque si se nos pide que nos convirtamos en máquinas durante muchos años seguidos, al final es en lo que muchos se acaban transformando, en mecanismos que no sienten pero hacen. Y eso va en contra de nuestra propia naturaleza, porque tratamos desesperadamente de evitar lo que sentimos para cuadrar con lo que se nos pide, no de forma explícita, pero sí implícita.

Sin embargo, no podemos evitar sentir, porque las emociones son preconscientes, están ahí antes de que nos demos cuenta de que las estamos sintiendo. Y además, por mucho que pretendamos esconderlo o disimular, todo el mundo ve cuando estamos mal, tristes, enfadados o frustrados. Y creo que es justamente ahí cuando sentimos que la empresa destruye, cuando nos invita u orienta a actuar sin humanidad, cuando los objetivos están siempre por encima de las personas, la coherencia o el sentido de lo que hacemos. La deshumanización en el mundo profesional es, en mi opinión, el origen más generalizado del deterioro personal.

Hacer lo contrario, es decir, construir, es más fácil de lo que la gente se imagina, ya que tan solo se trataría de ser conscientes de que la persona contratada es un ser humano, con todo lo que conlleva. **¡Aprendamos cómo funcionan los humanos antes de pretender dirigirlos!**

En su libro, John Mackey y Raj Sisodia ofrecen una mirada distinta sobre el mundo empresarial con su filosofía del «capitalismo consciente». Así, nos explican: «Hay empresas oruga que tratan de consumir todo lo que pueden, toman del mundo y de las personas lo que les viene en gana…», y luego hay «empresas mariposa» que hacen justo lo contrario y además ganan dinero, a veces bastante más, y encima crean valor para sus clientes y para sus equipos, y por ende para su comunidad.

La diferencia entre orugas y mariposas, ¿sabes dónde está? En la intención. Y en ser valientes para atreverse a perseguir la utopía: trabajar como humanos en una empresa humana.

Las personas también somos una pequeña empresa y, como ellas, si no evolucionamos y nos adaptamos constantemente, acabaremos desapareciendo. Y hay un montón de gente a nuestro alrededor que ha desaparecido. Quiero decir que físicamente están, pero sus ojos ya no brillan… Son gente gris, porque cada centímetro de su cuerpo ya no está iluminado, la luz se ha apartado de ellos, esa que la pasión y los anhelos nos regalan, dándonos además la fuerza y la determinación para seguir luchando por algo que tenga sentido. «Una vida de desesperación callada», escribió Thoreau. Y sí, esa vida la llevan millones de personas en el mundo.

Hay una anécdota de Gandhi que puede ayudarnos a entender la fuerza que nos dan la utopía y un trabajo con sentido.

Un catedrático de Historia recurrió a sus vastos conocimientos para recordarle a Gandhi que sus ideas nunca funcionarían en la India. Gandhi le respondió con su característica honestidad: «Caballero, su trabajo es enseñar historia, y el mío, hacerla».

¿Por qué no ser nosotros, tú y yo, los que hagamos historia? Estaría mejor que copiar y replicar lo establecido, que encima duele.

De la misma manera que podemos concebir a una persona como una microempresa, una empresa también es como una persona, con personalidad y carácter propios. Piensa con qué individuos te gusta estar: ¿con los avariciosos, ansiosos y egoístas?, ¿o con los generosos, empáticos y solidarios? ¿Qué impacto deja tu empresa tras de sí? Dolor y enfermedad en los equipos, presión en los proveedores, ansiedad y baja autoestima en los trabajadores, contaminación... ¿Queremos ser la rana hervida de Clerc? ¡Despertemos y salgamos de la olla en cuanto podamos o nos volveremos grises!

Otro estudio sobre la felicidad en 155 países, también de Gallup, observó que el factor determinante para ese deseado bienestar no era la riqueza (más allá de los setenta mil dólares al año), sino «un buen trabajo», es decir, un trabajo en el que se sintieran realizados y rodeados de personas a las que les importaran. Tan simple como eso.

Ser máquinas sin emociones ni sentimientos es imposible, por muy necesario que se considere en el ámbito empresarial. Es una gran mentira que nos está destruyendo no solo a nosotros y a los equipos que «aguantan el tipo», sino también a la misma organización cada vez que machaca nuestra ilusión.

Las empresas emergentes lo han entendido. Muchas startups están atrayendo talento (aun pagando sueldos más bajos) y se están comiendo el mercado porque los clientes y los proveedores prefieren esa «nueva» manera de trabajar y de ver el mundo. Y es que todos queremos estar cerca de la pasión y la ilusión, de ese respeto que se palpa cuando entras en un espacio donde sientes que hay creatividad y libertad, donde las corbatas y todo lo que signifique apretarte el cuello no existen.

La era de contratar a personas con sentimientos ya ha empezado, es decir, ya existen lugares de trabajo donde sientes que no tienes que dejar tus emociones en la calle. Es lo que gusta y tranquiliza, es lo que ancla el talento, lo que está impulsando la creatividad, es lo que está dando fuerza y fortaleza, promoviendo el coraje y la valentía, y sobre todo es lo que consigue que la ilusión de los primeros días no desaparezca, pues la forma de tratarte, de mirarte y de confiar en ti y en tus enormes posibilidades es simplemente... humana.

Somos humanos y sentimos, también de nueve de la mañana a cinco de la tarde. Y no pasa nada, no debe asustarnos, porque es una gran ventaja competitiva si somos inteligentes y sabemos aprovechar lo que nos distingue del resto de las especies.

Seamos conscientes de que todos estamos en el mismo barco: directivos y accionistas, clientes y proveedores, trabajadores y también el medio ambiente.... Si a ti te va bien, al resto, también. Si el jefe engaña a los clientes, el equipo engañará al jefe, y la empresa acabará desapareciendo, porque nadie quiere trabajar en un lugar así.

El escritor Richard Leider dijo que los días más importantes de tu vida son dos: «El primero, el día en que naciste. Y el segundo será el día en el que te des cuenta de para qué naciste». Que no nos asuste ese segundo día, ¡y busquemos que ocurra!

Supongo que una empresa debería ser solo un grupo de personas que se cuidan y hacen cosas buenas y con sentido, cosas que los demás querrán comprar porque les ayudarán en algo. Vender está bien, pero hacerlo sintiéndonos humanos está aún mejor.

Miedo al liderazgo femenino

El mundo se transforma a una velocidad sorprendente, y las empresas y las organizaciones, también. Cuesta seguir el ritmo, es cierto, los viejos paradigmas sobre cómo dirigir a los equipos han caducado, ya no funcionan, lo que genera temor, inseguridad e incertidumbre, porque encima continúan preparándonos para un mundo que ya no existe. Veo cómo las personas, más que nunca, desean seguir a nuevos líderes, alguien que dé sentido a su trabajo con un propósito que sea más grande que uno mismo. Ha llegado la necesidad, el anhelo inconsciente y consciente de hacer cosas de forma diferente. Empieza la era de «poder ser», también mientras trabajas.

Y la supuesta seguridad que daba el liderazgo tradicional se ha roto en mil pedazos como si fuera una delicada copa de cristal. «Y ahora, ¿qué haremos para que esto funcione?», se preguntan unos y otros, puesto que cambiar las creencias y la manera de hacer las cosas es difícil si no nos preparan.

Y buscando alternativas, surge el llamado «liderazgo femenino», que ya tiene bastante literatura, estudios y evidencias, como las de Eagly, Adler, Cuadrado, Osas... Entendamos que este liderazgo no es una cuestión de género, sino de estilo, de maneras de actuar y de pensar. En mi opinión, del liderazgo femenino surge el liderazgo humano, que es el consciente, el empático, el que busca el sentido, el que es humilde, el que no tiene necesidad de marcar territorio ni miedo a mostrar su vulnerabilidad. La mayoría de los autores señalan que el liderazgo masculino está más orientado a las tareas y los objetivos, y el femenino a las personas, lo que lo capacita para percibir y comprender lo que sienten los demás, permitiendo activar la voluntad de ayuda cuando se requiera, aspecto este imprescindible, la empatía, puesto que necesitamos trabajar en equipo y estar cohesionados para sobrevivir como especie (y también para la supervivencia de las empresas). Y es que una empresa sin empatía, hoy en día, está muerta.

¿Por qué? Veamos en primer lugar el origen de las empresas. La primera organización que existió fue el ejército, compuesto por hombres y con un liderazgo militar-mercenario de obediencia ciega. Durante siglos, de manera sistemática, intencionada y planificada, los gobiernos educaban a los hombres para que no sintieran empatía, ya que los necesitaban para la guerra y no podían permitir que flaquearan ante el dolor del enemigo, como afirma Rafael Bisquerra. Este fue el primer modelo, y, por tanto, el que las primeras organizaciones replicaron. Un referente que ha llegado hasta nuestros días, donde a menudo lo importante es el poder, el dinero y ganar al precio que sea. Los negocios se veían, y todavía se ven, como una serie de batallas que lidiar, un lugar a donde se va a luchar y a sufrir si hace falta, y donde se sigue utilizando el lenguaje militar (estrategia, guerra de precios, cuadro de mando, jerarquía...).

Cuando las primeras mujeres empezaron a dirigir empresas, para encajar tenían que ser más fuertes que el más fuerte y más listas que el más listo. Actualmente, muchas grandes empresas todavía buscan mujeres tiburones para que mantengan el estilo del liderazgo masculino, el orientado a los objetivos. En Estados Unidos, por ejemplo, el 70 % de las nuevas organizaciones están dirigidas por mujeres y el 40 % son propiedad de una mujer, pero solo el 3,6 % de las grandes empresas están lideradas por mujeres.

El siglo XXI ha llegado con un drástico cambio de paradigma, acelerado por una pandemia, la evidencia de un cambio climático, una guerra en Europa y varias crisis que han cuestionado las normas establecidas. El aumento del reclamo de los valores humanos dentro del mundo empresarial es una evidencia (gran renuncia o *big quit*), que se alinea plenamente con un tipo de liderazgo: el femenino, el que está orientado a las personas, donde el beneficio no está por encima del bienestar, la cooperación, la empatía o la honestidad. ¡¡¡Toda una revolución después de centenares de años de tradición haciendo lo contrario!!!

Como educadora emocional en el mundo de las organizaciones, he observado que el liderazgo femenino y humano gusta porque es el que empodera, cohesiona y genera compromiso y resiliencia. Es, en definitiva, el que hace fuertes a las empresas. Estos líderes acostumbran a ser personas humildes que han sentido alguna vez que «no valen lo bastante» o que «nunca son suficientes», y lo perciben en los otros y son capaces de calmar ese sentimiento.

Son los que se muestran cercanos, responsables, los que buscan alternativas, los que están acostumbrados a levantarse cuando se caen porque no pueden permitirse quedarse en el suelo, ya que tienen a su cargo hijos, hijas, padres, personas que necesitan ser atendidas después de la jornada laboral.

Son las personas que lideran en horizontal, puesto que no temen no estar por encima. Y sí, es también un liderazgo más emocional, porque no niegan lo que sienten, prefieren entenderlo y dejar que las emociones intuyan qué está pasando a su alrededor, convirtiéndolas en sus mejores aliadas.

Es el liderazgo que tiene una mirada 360, con ojos en la nuca y atención plena, que apuesta por el compromiso social y la generosidad, no conformándose solo con ganar, pues también busca que el mundo que nos rodea sea mejor. Y esto convierte a estas personas en las que hacen fuertes las estructuras de las organizaciones.

Llegados a este punto, me queda decir lo más importante: liderazgo femenino y masculino se complementan. Juntos son como un puente: el liderazgo femenino lo construye sólido, fuerte, encajando bien las piezas; el liderazgo masculino consigue el objetivo, que pasen muchos coches por encima. Uno y otro se necesitan. Pero recuerda siempre que la estructura es la base del puente, y si no está cohesionada, el puente no resistiría, por muchos coches que quieran pasar.

El liderazgo humano pertenece al siglo XXI, es el que nace del femenino y recoge los aspectos que suman del masculino. Y hoy en día es el que funciona porque consigue que te sientas bien mientras trabajas. Deberíamos entender que si la forma en que ganamos el dinero provoca daño, ese dinero vale muy poco, y la organización acabará desapareciendo porque ya nadie quiere trabajar así.

Ahora el talento busca trabajar en un lugar que no hiera, sin toxicidad, sin miedo, donde los empleados puedan sentirse dignos y, si puede ser, crecer como profesionales y como personas. Este debería ser el sentido de un trabajo; de no ser así, el trabajo deja de tener sentido.

El miedo al liderazgo humano está desapareciendo porque ya hay grandes empresas y startups que funcionan más y mejor que las que siguen el método tradicional. No nos quedemos atrás, no seamos caducos, y revolucionemos la manera de dirigir. Al fin y al cabo, solo somos humanos tratando de dirigir, servir, ayudar o educar a otros humanos. ¿Por qué tener miedo a nuestra esencia?

7

Emociones que surgen
ante la adversidad del mundo

El miedo no es agradecido, solo busca tu
supervivencia al precio que sea.

Las emociones negativas son las que surgen de forma genera-
lizada ante una adversidad global. Muchos historiadores esta-
rán de acuerdo en que el cambio de paradigma de este siglo
empezó en 2020 con la aparición de la pandemia y, acto segui-
do, con la aceleración del cambio climático, además de otras
cuestiones como una guerra en Europa y las constantes crisis
(energética, de materias primas, económicas, etcétera). Creo
que la presión de lo que hemos vivido estos últimos años ha
sido tan potente y profunda que es vital entenderlo para seguir adelante sin llenar más de la cuenta nuestra habitación
desordenada, anticipándonos así a las consecuencias, esa factura emocional que los procesos adversos de la vida provocan.

Aunque recordar este relato no apetece mucho, porque
tenemos unas ganas horrorosas de olvidarlo, es importante

comprender todo el proceso personal y social para entender por qué **ahora la gente es más desconfiada, y está más enfadada y susceptible**. Creo que conocer el posible origen del comportamiento de las personas que nos rodean nos da un poder, el de ser capaces de sentirnos bien a pesar de todo. Recuerda que la Educación Emocional define la emoción como una reacción involuntaria de nuestro organismo ante un estímulo externo o interno. ¿Cuántos estímulos externos negativos recibíamos cada día, o cada hora, los primeros meses de pandemia? ¿Y cuántos internos? Me refiero a lo que te decían el cuerpo, el corazón y la cabeza. La intensidad fue tal que las **emociones negativas (miedo, rabia y tristeza)** llegaron juntas y revueltas.

La pandemia de la COVID-19 ha sido técnicamente una catástrofe. Realicé un trabajo muy gráfico con una app interactiva: «Efectos emocionales de la pandemia en España: las fases de una catástrofe»,[1] donde encajaba estas fases con las situaciones vividas mes a mes en nuestro país, así como los comportamientos y los efectos emocionales que observábamos en adultos y en más de 1.200 niños, jóvenes y sus familias en La Granja Ability Training Center de Barcelona y Madrid, especialistas en el desarrollo de las competencias emocionales con rigurosidad metodológica.

---

1. Cristina Gutiérrez, «Efectos emocionales de la pandemia en España: las fases de una catástrofe», en <https://educarestodo.com/blog/efectos-emocionales-pandemia-recursos/> (2021). Las fases están extraídas del estudio de Darío Páez, Itziar Fernández y Carlos Martín, «Catástrofes, traumas y conductas colectivas», Universidad del País Vasco, 2001.

Según Janoff-Bulman (1992),[2] una catástrofe se caracteriza por ser negativa, inusual, de amenaza vital y de cambio de realidad. Por consiguiente, la pandemia fue una catástrofe en España, y en medio mundo, pues reunía todas las características: fue negativa, inusual, de una evidente amenaza vital y de un cambio de realidad obvio con todos encerrados en casa.

En el trabajo mencionado se puede observar cómo la intensidad emocional colectiva, es decir, la intensidad de las emociones que siente la población general, fue en constante aumento, por lo que se mantuvo alta o muy alta durante más de dos años, un dato que nos puede ayudar a entender muchos comportamientos, además de la conocida fatiga pandémica.

Las catástrofes que afectan a una colectividad provocan, según Fritz (1961),[3] un trauma moral y efectos psicosociales globales. Estos efectos ya están sucediendo, y luego está la memoria colectiva, esa que atesora el conjunto de la sociedad respecto a un trauma vivido y que influye de manera directa en la memoria individual. Aquí lo interesante es que nos anticipemos a estas posibles consecuencias porque nos afectarán no solo en el terreno personal y familiar, sino también en el laboral.

---

2. R. Janoff-Bulman, *Shattered Assumptions: Towards a New Psychology of Trauma*, Nueva York, The Free Press, 1992.

3. C. E. Fritz, «Disaster», en R. K. Merton y R. A. Nisbett, eds., *Contemporary Social Problems*, Nueva York, Brace and World, 1961.

Pero volvamos atrás en el tiempo, a ese mes (febrero en España) en el que la pandemia aterrizó de manera brutal, y veamos cómo las emociones nos han ido acompañando intensa e insistentemente, segundo a segundo.

Durante el mes de febrero nos embargó la emoción de la desconfianza y la incredulidad, que surgen ante lo inimaginable. Es la reacción típica de la **fase precatástrofe**, que es la **negación** (de hecho, esto mismo sucedió en Ucrania antes de la invasión rusa, donde muchos elucubraban que no pasaría nada). En esta etapa solemos minimizar las noticias con pensamientos del tipo: «No me lo creo», «Aquí no pasará» o «Anda ya», y aparece el **autoengaño**. Según diversos estudios, el autoengaño se debe a cuatro motivos:

1. La autocensura de los medios, pues temen provocar pánico social.

2. Motivos económicos o políticos.

3. Incredulidad: «Eso es mentira», y por tanto no se toman medidas de precaución.

4. Invulnerabilidad. Los humanos nos creemos invencibles, algo que se acentúa con el «optimismo de grupo», es decir, cuando estamos muy cohesionados (en casa, en el trabajo, en el barrio) y nos sentimos aún más invulnerables.

Pero los sucesos se precipitaban, pues la tasa de incidencia no sumaba, sino que se multiplicaba de manera exponencial.

No solo no nos lo esperábamos, es que no podíamos ni imaginarnos que nuestra confortable vida, repleta de seguridad y libertades, se iría al traste en pocas semanas.

Y así llegó el duro mes de marzo, y con él, la **fase de impacto**: la sorpresa, la conmoción y el estado de choque. Y fue cuando empezamos a flipar. Esta etapa suele durar entre dos y tres semanas y sucede cuando no podemos creernos lo que estamos viendo; las calles vacías, todo cerrado, y nos decimos: «Imposible», «Es como vivir en una película». Surgen momentos puntuales de pánico (compra masiva en los supermercados o de papel higiénico, comportamientos egoístas, etcétera). Pero en general la mayoría vivíamos la muerte a través de la televisión, no en nuestra casa. En este periodo aumentó nuestra ansiedad debido a la incerteza, además del asombro porque se había parado el mundo, literalmente.

Durante esta fase de una catástrofe sentimos la **necesidad de hablar**, por lo que, si haces memoria, recordarás que era un monotema; buscábamos toda la información posible enganchados a las noticias de todos los canales, y la compartíamos por WhatsApp, redes, etcétera. La explicación a este hecho es que la necesidad de certeza nos empuja a crear nuestras propias teorías para sentirnos seguros. Y aquí es cuando aparecen los **rumores**, que son creencias que se transmiten oralmente (o en las redes), pero sin evidencia ni validación.

Un rumor es una forma de comunicación que provoca conductas colectivas porque responde a tres necesidades: la primera es calmar la ansiedad («No puedo esperar a saber»); la segunda es calmar la incertidumbre («Quiero saber, aunque no sea verdad») y la tercera es que da credibilidad a quien lo cuenta («La gente me escucha»).

En este periodo, según Ovejero (1977),[4] lo normal es que surjan dos conductas: la inadecuada: egoísta y temeraria, con exposición al peligro, saqueos, fiestas y descontrol; y la adecuada: con actos de heroísmo, empatía y unión social.

Recordemos que de repente muchas empresas, organizaciones e incluso hospitales trabajaron en equipo como nunca antes, y se convirtieron en «todos para uno y uno para todos», pues este comportamiento hace que nos sintamos más fuertes y que «podremos con todo». Esos días las bromas en las redes eran constantes, la creatividad para alegrar la vida a los vecinos era habitual, y los aplausos de agradecimiento y las buenas intenciones de unos y otros nos sorprendieron y emocionaron hasta las lágrimas, pues parecía que volvíamos por fin a ser humanos. Nos convertimos por unas semanas en un gran equipo que luchaba para vencer, juntos, a ese virus que osaba poner en peligro nuestra vida. Además, aprovechar para estar unos cuantos días en familia fue la novedad que muchos vivieron, al menos al principio, como una aventura. Serían, pues, quince días y todo iría bien.

---

4. A. Ovejero, *El individuo en la masa: Psicología del comportamiento colectivo*, Oviedo, Nobel, 1997.

Dos años después de ese momento, los habitantes de Ucrania vivieron la misma fase de impacto, y tuvieron lugar miles de iniciativas de personas anónimas de Europa al estilo «todos para uno y uno para todos», fletando centenares de furgonetas que llevaban víveres y medicamentos y volvían con dos o tres familias para rescatarlas de la guerra.

Pero, volviendo al relato de las fases de una catástrofe, sabemos que durante la pandemia no todo fue bien. Apenas dos semanas más tarde, la enfermedad se nos empezó a acercar peligrosamente: un vecino, un famoso, el amigo de un amigo…, y el miedo hizo acto de presencia con todo su poderío, paralizándonos. «Es una pesadilla», «No puedo digerir lo que estoy viviendo», decía la gente, algunos ya desesperados. El asombro dio paso al pánico, que invadió el país y a prácticamente todos sus habitantes, incluidos niños y niñas.

El miedo se encargó de realizar su trabajo: no dejarnos en paz ni un segundo para bloquearnos y coger él el mando, el timón del barco, empujándonos a hacer la peor interpretación posible para apartarnos del peligro (del real y también del imaginario). El miedo nos llevaba a ver «bichos» de COVID-19 en cada envase de leche o en las suelas de los zapatos, por lo que desinfectábamos, de forma obsesiva a veces, cada centímetro de nuestro cuerpo al volver de la compra, cual héroes que arriesgaban su vida en el colmado de la esquina. De hecho, muchos niños pequeños (de tres a ocho años) aún recuerdan que lo que más les aterraba era que su papá o su mamá fueran a comprar, porque no sabían si volverían a casa, ya que el virus podía «atraparlos».

Recuerdo muy bien ese miedo, era tan denso que se podía cortar con un cuchillo en los pasillos de cualquier supermercado. Y se percibían todas sus cualidades: contagioso, invasivo y bloqueante. El cerebro racional se quedaba en *pause*, costaba pensar, sobre todo a las personas con poca consciencia emocional (los que no se daban cuenta de que esa emoción había tomado el control), provocando comportamientos tan vergonzosos como dejar notas en la puerta del domicilio de algunos profesionales sanitarios, que pasaron de ser héroes nacionales (aplaudidos por doquier porque se jugaban la vida por nosotros) a ser despreciables seres infecciosos (para ciertas personas), repudiados y señalados para que no entraran en el edificio ni tocaran puertas ni barandillas.

Pero quien escribía esas notas no era la persona, era el miedo de esa persona. Y es que el temor no entiende de principios ni de valores éticos ni sociales. **El miedo no es agradecido, solo busca tu supervivencia al precio que sea.** Y el precio que pagas después, cuando vuelves a ser tú, es el de la vergüenza, el arrepentimiento y el sentimiento de culpa. Es cuando te sientes indigno, lo cual es natural, porque somos animales sociales, nos necesitamos los unos a los otros para perpetuar la especie, por eso estamos diseñados para que los comportamientos egoístas y cobardes que no contribuyen a la protección de la tribu los consideremos indignos y nos hagan sentir mal (o fatal), para evitar que volvamos a actuar así. En cambio, todas aquellas actitudes que protegen y mejoran la tribu, como la valentía, la generosidad o la fortaleza, nos hacen sentir bien, aumentando nuestra autoestima para que lo repitamos más veces. Aunque haya pasado mucho tiempo, para los que se sienten mal o están arrepentidos de alguna actitud (bien escondida en la habitación oscura), hay una fórmula para resolver todo este embrollo y volver a sentir esa paz interior, ese «todo está bien», y es disculparse: «Disculpa, hice mal, el miedo decidió por mí. Lo siento», con algo tan simple se consigue recuperar nuestra dignidad.

En los albores del mes de abril de 2020, con el miedo-pánico aún presentes, se sumó la **rabia** ante la prolongación del confinamiento, esa emoción que todos sentimos ante algo que vivimos como injusto. Y como pasaban muchas cosas injustas (y bastante gordas), esta emoción tan intensa y veloz aparecía y desaparecía en muchos momentos del día sin poder evitarlo, porque, según lo que veías por la tele o lo que te pasaba en casa o teletrabajando o con las clases de tus hijos, perdías los nervios y acababas molesto o enfadado, ¡o hasta el moño de todo!

Y en esas, la **susceptibilidad** empezó a llegar a los hogares y, por lo visto, ¡para quedarse! Tuvimos que digerir aspectos del confinamiento y del nuevo día a día impuesto, con la presión del trabajo (o del no trabajo), lo que implicaba reorganizarse y sentir que no llegabas a todo (los niños, los deberes, hacer la comida, colas en el supermercado…), y siempre con la incerteza constante, sabiendo que había personas que estaban muriendo solas en los hospitales, o que los ERTE no se cobraban y el SEPE no contestaba al teléfono… Todo eso consiguió que nuestra sensibilidad estuviera a flor de piel: «Si me soplas, muerdo».

Poco después, muchos tuvieron la sensación de que todo era un despropósito, donde en realidad nadie sabía ni entendía nada, todo era incoherente y parecía que no se acabaría nunca. A mí me pasó que hubo unos días (coincidiendo con el pico de las muertes en abril) en que sentí que era el fin del mundo, o al menos del mundo que habíamos conocido, porque nuestros proyectos, nuestros sueños y la forma de vida que habíamos elegido estaba desapareciendo para siempre. Fue cuando el **tsunami emocional** hizo acto de presencia, es decir, cuando no sabías ni cómo te sentías porque al minuto ya sentías otra cosa. ¡Y eso que lo que sentíamos era bien intenso!

A finales de abril, la emoción de la **tristeza** empezó a instalarse en muchos de los que aún no habían sufrido una pérdida personal directa. La tristeza, lánguida y lenta, a la que le cuesta llegar, pero cuando lo hace debemos dejarla hacer su trabajo, que no es otro que recolocarnos por dentro en un nuevo orden, ante aquello que hemos sentido como una pérdida. Como ya he mencionado, las dimensiones de la tristeza van desde el desánimo, la desilusión o la desesperanza hasta la depresión.

Y es que estábamos entrando en la **fase de inhibición**, que suele durar entre tres y ocho semanas. Es la etapa del pánico colectivo y los comportamientos obsesivos (desinfección, no salir de casa para nada…), pues ya nos encontramos en estado de alerta constante. Es cuando el miedo nos paraliza y llega el silencio. Ya no tenemos ganas de hablar con la gente, nos aislamos para olvidar (Pennebaker, 1993).[5] Necesitábamos desconectar, distraernos, cambiar de tema, y esto explica el aumento de los usuarios de plataformas de películas o series, de canales de juegos, de redes sociales, etcétera.

En esta fase entró en juego la **anestesia emocional**, esa respuesta natural que tenemos los humanos y que el psiquiatra Viktor Frankl describió en 1946, tras su paso por los campos de concentración nazis. Era nuestro recurso para no sentir, para seguir aguantando y haciendo lo que tocaba: los niños, el teletrabajo, la comida, etcétera. Asimismo, un buen número de sanitarios y trabajadores esenciales se anestesiaban emocionalmente para poder realizar sus tareas, pues no tenían tiempo para gestionar todo lo que estaban viviendo. Este hecho además lo pude observar más tarde, y en directo, en los *outdoor training* que realicé en julio de 2020 con los equipos de sanitarios del Instituto Catalán de la Salud.

En mayo vimos que la cosa empezaba a relajarse, y con el desconfinamiento llegó también el desbordamiento. Hasta entonces el miedo nos había paralizado por dentro, íbamos un poco anestesiados (el instinto de supervivencia no dejaba que el cerebro racional estuviera muy activo), y la rabia nos había dado la fuerza para seguir aguantando, que es

5. James W. Pennebaker, «Creación y mantenimiento de las memorias colectivas», *Psicología Política*, 6 (1993), pp. 35-51, <https://www.uv.es/garzon/psicologia%20politica/N6-2.pdf>.

lo que hace esta emoción. Pero «aguantar» en vez de digerir lo que sentimos tiene un precio que acabamos pagando,
y la factura llegó en forma de miedo y tristeza, con comportamientos apáticos: «El niño no quiere levantarse del sofá»,
«Mi mujer no quiere salir de casa», «No tengo ánimo para
nada», etcétera.

A finales de mayo de 2020 me reuní con casi un cente-
nar de padres y madres. Casi todos eran profesionales que
habían teletrabajado, al tiempo que hacían de maestros con
sus hijos y lidiaban un poco con todas las circunstancias
(desde pérdidas de abuelos e incluso amigos relativamente
jóvenes, hasta crisis matrimoniales debido a conflictos sin
resolver que habían aumentado durante el confinamiento).
Disimulaban y «aguantaban» con estoicismo mientras yo
explicaba cómo serían las «actividades emocionales» de verano para sus hijos e hijas, pero en cuanto los miraba a los
ojos y les rozaba el hombro con la mano, las lágrimas sur-
gían a borbotones. Recuerdo que me pedían «disculpas» entre sollozos, y yo no podía evitar pensar cuánto nos habíamos deshumanizado. Si con la que nos estaba cayendo
encima no podíamos llorar y nos avergonzábamos de ello,
¿en qué nos habíamos convertido?, ¿en máquinas? «Discul-
padnos por sentir», ¿es eso lo que enseñaremos a nuestros
hijos? ¿Es así como queremos que sean las personas de nuestras organizaciones? ¿En serio?

Ojalá podamos aprender algo de toda esta historia, como
por ejemplo que todos y todas necesitamos ser humanos.
Simplemente.

Cuando disminuyó el peligro, pues los contagios y la presión hospitalaria estaban bajo control, comenzó la desescalada, y con ella la **fase de desconmoción** o desilusión. Aquí tiene lugar el **despertar emocional**, y nos sobreviene porque, al disminuir la anestesia, empezamos a sentir. Y ocurrió que muchos no entendían por qué estaban tristes si ya podían salir de casa. Este aspecto es natural y similar a cuando te despiertas de cualquier anestesia, que te sientes confuso o incluso perdido. En este caso, al dejar de estar tan paralizados, nos dimos cuenta de que lo que sentíamos dolía. No sabíamos muy bien qué era, pero dolía y mucho. Fue cuando vimos que no estábamos bien, y pasamos del «sobrevivir es suficiente» al «qué duro es vivir».

Este proceso conlleva el **desbordamiento de las emociones retenidas**, todas muy potentes (al fin y al cabo estábamos viviendo una catástrofe): miedo, tristeza, rabia, ansiedad, frustración, desánimo, cansancio constante, duelo por la pérdida. Metafóricamente, podría decirse que habíamos llenado la habitación desordenada, y cada vez que pasábamos por delante veíamos que ahí dentro había un montón de cosas por ubicar, limpiar y resolver. Además, los que antes de la pandemia ya tenían la habitación bastante llena sufrieron más desbordamiento que el resto.

Para empeorar las cosas, nos encontramos con que la realidad había cambiado, y por tanto los hábitos: la vida cotidiana, la forma de trabajar, el modo de reunirnos, de celebrar e incluso de educar a nuestros hijos ya no servían. Todo era diferente, y tuvimos que reinventar un montón de comportamientos cuando nos costaba encontrar la fuerza y el ánimo para ello. Los sentimientos de tristeza, desánimo, culpabilidad, rabia, desesperanza o injusticia provocan malestar en la ciudadanía, y este malestar deriva en una comunicación más negativa, mayor descohesión comunitaria, egoísmo, susceptibilidad o seguir haciendo la peor interpretación posible.

Pero la vida continuaba, llevándonos a la siguiente parada, la **fase de resignación**, que llegó hacia finales de junio, cuando el gobierno desarticuló el toque de queda y el estado de alarma. Los comportamientos pasaron a ser de resignación y alivio a la vez.

El verano llegó y con él pasamos a la **fase de reconstrucción**, aunque en nuestro caso fue una reconstrucción parcial, pues no sabíamos que llegarían más olas.

En esta etapa la estabilidad se recupera y eso nos tranquiliza. Surge la **ilusión** a pesar de las dificultades, y también la fuerza y la valentía de algunos líderes que arrastran al grupo (en casa, en el trabajo, con los amigos), contagiando motivación e ilusión. Vuelve la **esperanza**, y tenemos pensamientos del tipo «Todo irá bien», «No volverá a pasar porque estaremos preparados», etcétera. Creemos ciegamente en la ciencia, en los médicos, en Dios o en el mundo, pues sentimos que ya hemos tenido castigo suficiente. Y muchos pasan del miedo al respeto.

El verano de 2020 fue de una normalidad diferente, con comportamientos dispares y contrapuestos: desde los que no salían de casa por miedo a todo, hasta los que se lanzaban a la calle sin miedo a nada, con temeridad y sin control, poniendo en peligro a los demás.

Y si el tsunami emocional de las tres emociones negativas más potentes —miedo, rabia y tristeza— ya era de nota porque aún las sentíamos juntas y revueltas, probablemente por primera vez en nuestra vida (pues suelen venir de una en una, no de esta forma tan potente y devastadora para el común de los mortales), en verano nos llegó un nuevo reto: ¡tomar decisiones! Y encima con incerteza diaria, protocolos cambiantes y noticias contradictorias.

Durante los tres meses de confinamiento solo tuvimos que obedecer, pero había llegado el momento de dar un paso más y tomar decisiones, y por cómo estaba el panorama, mejor que fueran **decisiones inteligentes**, es decir, acertadas. Y eso nos asustaba, nos provocaba ansiedad, porque sabíamos que una mala decisión, una no acertada, podía suponer fácilmente la supervivencia de tu empresa. Las bolas de cristal o las cartas del Tarot hubieran sido geniales en ese momento para predecir el futuro y no decidir a ciegas, pues incluso los economistas y los epidemiólogos se contradecían a diario. Así, el coronavirus nos ponía de nuevo a prueba, mostrándonos que la época del ilusionismo había pasado, y que la realidad más cruel, con todas sus incertezas, era el plato del día y no quedaba otra que acostumbrarse.

Las conversaciones en muchas empresas consistían en preguntas constantes: seguir con el teletrabajo o volver a la oficina, solicitar o no préstamos ICO por si se acaba el dinero, abrir el local o seguir cerrados y en ERTE porque sale más a cuenta, si abriendo hay riesgo para la salud de los trabajadores, si vendrán clientes, cómo nos reinventamos…. Responder con «no sé» o «no hay precedentes», o el mero hecho de ser conscientes de que no teníamos prácticamente ninguna respuesta para casi todas las preguntas que nos hacíamos, era la nueva realidad, la de la incerteza casi total. Por supuesto, hubo **conflicto en la toma de decisiones** en todos los ámbitos, desde el familiar por cómo organizar un cumpleaños hasta el laboral para decidir cómo gestionar la nueva manera de trabajar.

Pero con la incerteza llegó también la maravillosa habilidad de la **adaptabilidad**, esa flexibilidad que pusimos en práctica como nunca antes, obligándonos además a relativizarlo casi todo.

Tras el respiro del verano llegó septiembre y, con él, vuelta a empezar. Aunque el año comienza teóricamente cada 1 de enero, en realidad hace ya mucho que empieza con el curso escolar. El pánico de muchos padres y madres se hizo patente con el inicio de curso, porque, una vez más, nadie sabía cuál era la decisión correcta, adecuada o acertada. Había tantos expertos como mensajes contrarios, y se estaba hablando de poner en riesgo a nuestros hijos e hijas. Ese es el miedo más aterrador que sentimos los humanos y, por tanto, el que más nos controla.

Tragar saliva (y de paso tu temor a llevarlos al cole) y tirar para adelante fue la opción mayoritaria, y sin darnos cuenta empezamos a entrenar nuestra valentía, pues es la encargada de que superemos nuestros miedos. Y nos acostumbramos a lo inimaginable: las personas y las empresas conseguimos una adaptabilidad casi total, con positivos en las clases de nuestros hijos, de algún familiar o amigo, o en la oficina, lo que nos tenía en vilo cada día, obligándonos a reorganizarnos sobre la marcha, sin que la queja estuviera muy presente, más que nada porque estábamos tan ocupados actuando y adaptándonos que no había tiempo ni energía para nada más. La adaptabilidad, propia del ser humano, y ahora en entreno constante, consiguió que nos habituáramos a no tener casi nada bajo control, y nos dimos cuenta de que la vida seguía su curso, más incómoda tal vez, no como nos hubiera gustado, pero comenzamos a aceptarlo: «Bueno, es lo que hay», o «Venga, vamos, es igual».

Pero, por alguna razón, el mundo, la naturaleza, Dios o quienquiera que fuese pensó que esta larga historia estaba lejos de acabarse, y que los humanos podíamos aprender aún más, mucho más.

Y la segunda ola, poderosa e implacable, hizo acto de presencia en octubre de 2020. Los más optimistas creyeron que no llegaría con la misma intensidad gracias a los nuevos medicamentos y a la mejora organizacional sanitaria, pero llegó. Por supuesto, volvimos a pasar por la fase de negación y autoengaño que habíamos vivido en febrero, y por la de impacto y sorpresa de marzo, aunque en menor medida, pues ya le habíamos visto las orejas al lobo. Otra montaña para escalar que se nos ponía delante. Pero cuando estás cansado, cada vez cuesta más dar un paso, aunque este sea pequeño.

Y cuando la segunda ola parecía estar bajo control, a las puertas de esas Navidades tan anheladas para disfrutar por fin con la familia, un nuevo mazazo acompañado de una enorme frustración nos sacudió en diciembre, anulando planes, comidas y celebraciones entrañables que necesitábamos desesperadamente. ¡Lo increíble e inimaginable seguía pasando! El «Esto no se acaba», junto con la desesperanza y la desilusión causan **agotamiento emocional** o el inicio de la fatiga pandémica, lo que ocasiona desencanto y tristeza. El «Ya no puedo más» nos duró tan solo unos días, pues nuestra adaptabilidad, tan entrenada en los meses previos, nos ayudó a seguir aguantando. La mayoría aceptamos las normas de esa extraña Navidad, pero de nuevo metimos a la tristeza en la habitación desordenada, en esta ocasión en un lugar más profundo y por tanto más difícil de localizar. La anestesia emocional regresó para cumplir con su cometido, pero el cansancio, el enfado, la rabia, la desesperación o el hartazgo inundaron muchos hogares.

Aún recuerdo mi inocente deseo mientras tomaba las doce uvas: «Que se acaben 2020 y el virus». Había vacunas y supongo que necesitaba creer que, en un par de meses, todo volvería a ser normal. Estaba ilusionada, y mi autoengaño y mi negación llegaron a tal punto que organicé todo el trabajo y al equipo para volver a abrir pasadas las fiestas. Y ya se sabe que, cuanto más alta es la expectativa, más necesitaremos tolerar la frustración.

En enero de 2021 sufrimos un durísimo revés. La tercera ola llegó cruda y violenta. Un jarro de agua fría, helada, nos volvió a poner a prueba, añadiendo el **sentimiento de culpa** por haber celebrado las Navidades en familia. La culpabilidad nos lleva al autocastigo, incorporando más emociones con las que lidiar en esa habitación ya abarrotada. ¿Hasta cuándo resistiríamos?

El fuerte impacto de la tercera ola, con muchísimas muertes, hizo que se juntaran varias fases a la vez: impacto, inhibición y conmoción, provocándonos un fuerte desequilibrio. El agotamiento, el miedo, la frustración, el abandono, el «tiro la toalla» o el «me recluyo y no salgo» fueron comportamientos y estados de ánimo muy generalizados tanto en adultos como en jóvenes. Empalmábamos, no había descanso ni tiempo para respirar o recuperarnos. La tristeza en todas sus dimensiones se extendió en buena parte de la población (desánimo, apatía, depresión, pesimismo, melancolía, preocupación…).

De hecho, a causa de mi trabajo, observé que entre finales de enero y durante el mes de febrero de 2021 empezaron a abrirse muchas habitaciones oscuras, o que las puertas ya no conseguían cerrarse porque no cabía nada más. Disimular ya no tenía sentido, y lo que más se vendía en las farmacias eran ansiolíticos y antidepresivos. La famosa fatiga pandémica inundó los corazones de los ciudadanos de medio mundo, aunque tenía su razón de ser, ya que los niveles de tensión emocional también se habían mantenido muy altos durante doce meses seguidos.

En este punto quisiera decir que todos tenemos una manera propia de reequilibrarnos, consciente o inconscientemente.

Por ejemplo, yo trabajo con mucha intensidad entre semana, así que mi manera de reequilibrarme consistía en cenar con mis amigos o mi familia los viernes por la noche y hacer salidas los fines de semana (a la playa en verano, a esquiar en invierno, etcétera). Xavi, mi marido, siempre jugaba dos partidos de fútbol entre semana. Las restricciones de la pandemia nos robaron a muchos las actividades y el deporte, y consecuentemente nos quitaron la posibilidad de reequilibrarnos. Esto también explica el porqué de esa invasión de emociones negativas, pues no teníamos forma de recuperar el equilibrio que el mundo nos arrancaba casi a diario.

Y llegó el mes de abril. Recuerdo que con la vacunación a pleno rendimiento llegó la cuarta ola, aunque más liviana, lo cual nos animó a todos. La vacuna era efectiva y, según nos decían los políticos, en agosto la pesadilla se habría acabado.

Pero una mutación llamada Delta tenía otros planes y, una vez más, la maldita COVID-19 se nos adelantó en julio. Creíamos que la vacuna nos protegería y que el virus no afectaría a los jóvenes ni a los niños. Pero no fue del todo cierto. Aunque el número de muertes fue muy inferior, la quinta ola nos causó un impacto tremendo, sobre todo a los que teníamos hijos o trabajábamos con niños. Vivimos de cerca cómo el virus sí se contagiaba a los pequeños de la casa, aunque por suerte con clínicas muy moderadas. Pero el susto nos lo llevamos igual.

Y no sé, creo que por fin, al menos mi equipo y yo, empezamos a darnos cuenta de que tendríamos pandemia para rato, y en vez de enfocarnos en el final de la pandemia nos propusimos vivir y trabajar con lo que viniera.

Por suerte, la vacunación funcionó y en el verano de 2022 pareció llegar la nueva normalidad, aunque no se celebró demasiado por otras circunstancias adversas que nos tenían a todos preocupados: el cambio climático con una ola de calor sin precedentes en España y Europa, la guerra de Ucrania o las crisis energéticas y de materias primas.

8

Consecuencias de que el mundo sienta emociones negativas

El confinamiento ha sido como la gelatina, al principio eran quince días y molaba. Pero después me fue chupando hacia abajo y sentía que no se acabaría nunca.

POL, doce años

Siempre digo que los niños y niñas son los grandes sabios de nuestra época, posiblemente porque la mayoría de los adultos estamos muy ocupados y vamos tan acelerados que nos alejamos de la esencia, de nosotros y, por tanto, de la sabiduría. La cuestión es que me dan unas lecciones de vida que me fascinan, con esa frescura para darse cuenta de lo importante.

Pol era un chaval de doce años que vino a los campamentos emocionales de verano. Tras realizar la actividad «Camino de la Vida», con la que queríamos abrir esa habitación sombría y desordenada que casi todos abarrotamos durante el confinamiento, para **dejar de escondernos y de disimular**, y empezar a comprender, gestionar y digerir, los chicos debían caminar descalzos por un circuito con diferentes texturas en el suelo (piedras, agua, metal, paja, arena, gelatina…). Cuando les preguntamos: «¿Qué textura te ha recordado a ti el confinamiento?», Pol contestó: «Para mí ha sido como la gelatina, al principio eran quince días y molaba. Pero después me fue chupando hacia abajo y sentía que no se acabaría nunca». Sus palabras, su reflexión… creo que es un buen resumen del capítulo anterior, de ese fin del mundo, ese ahogo que sentíamos la mayoría y nos arrastraba hacia abajo, hacia esa gelatina que no nos dejaba respirar, hacia ese territorio llamado apatía, desánimo y desesperanza. Pero aquí también tenemos que acordarnos del joven Gerard, el que nos dijo que para escapar de las emociones negativas te lo tenías que currar generando, intencionadamente, emociones positivas. Y de eso se trata cuando hablamos de una gestión emocional adecuada o positiva.

Pero ¿cuáles son las consecuencias de que, debido a una catástrofe global, millones de personas sientan estas emociones negativas?

Según varios autores, tras una catástrofe se suelen producir cuatro situaciones:

- Se impone una **visión del mundo pesimista y negativa** (Janoff-Bulman, 1992).[1] Esto provoca silencios, es

---

1. R. Janoff-Bulman, *Shattered Assumptions: Towards a New Psychology of Trauma*, Nueva York, The Free Press, 1992.

decir, no se habla de lo vivido y lo sentido, con efectos negativos para la recuperación.

- Provoca un **efecto en la memoria colectiva**. La transmisión intergeneracional e informal de la pandemia afectará a tres generaciones (es lo habitual en una catástrofe de signo histórico). La memoria colectiva es como una lección para las próximas generaciones, para que acierten más en sus decisiones; es como decir «Cuidado con eso» o «Estate atento por si vuelve a pasar», como nuestros abuelos hicieron con nosotros con respecto a la guerra civil o la posguerra.

- **Se busca sentido a la catástrofe.** Buscar respuestas y entender lo sucedido es una necesidad humana. De hecho, hay evidencias de que las personas que lo achacan a la suerte o a los designios de su Dios se recuperan antes que las que buscan una respuesta y no la encuentran o no les satisface.

- **Se recuperan rituales.** En este caso, aquellos que nos ayudan a asimilar lo sucedido. Los rituales forman parte de nuestra cultura más ancestral, pues es la manera que tenemos de comprender los cambios trascendentales de la vida, como por ejemplo el paso de la niñez a la adultez, casarse, tener hijos, la muerte, etcétera.

En cuanto a los rituales colectivos relacionados con el dolor o la muerte, he de decir que son beneficiosos para la salud de los más allegados. Hay evidencias de que cuanto más grande es un funeral, existe una menor mortalidad y una mejor salud mental en los familiares del finado. Los motivos son, por un lado, que está aceptado socialmente expresar los sentimientos del duelo (al familiar se le permite llorar de forma desconsolada), y por otro, que existe una mayor comunicación verbal gracias a ese compartir que conllevan los rituales colectivos (el familiar habla con mucha gente, comparte anécdotas, fotos, vídeos, momentos vividos…), dedicándole un espacio y un tiempo exclusivo que dé sentido a la vida de esa persona que ya no está. Además, hay datos de que cuanto más grandes son los rituales, como un entierro de Estado por un acto terrorista, por ejemplo, mejores son los resultados posteriores en cuanto a una buena salud física y mental de los familiares de la víctima.

Como sabes, debido a la normativa de la COVID-19, muchos de estos rituales no se pudieron celebrar en España (ni en muchas partes del mundo), lo que nos lleva a interpretar que los efectos en patologías mentales y mortalidad aumentaran en los familiares directos que no pudieron despedirse de sus seres queridos durante la pandemia. Una manera de compensarlo, aunque sea un poquito, consistiría en celebrar un ritual, aunque haya pasado tiempo y nos parezca que ya no vale la pena o que no es pertinente. Porque sí, sí que es pertinente, ya que esa persona se merece una buena despedida, y nosotros una buena salud física y emocional. ¡No dejemos más cosas en el tintero!

Supongo que te preguntarás si hay **efectos beneficiosos** tras una catástrofe colectiva. Y la respuesta es sí.

En una investigación sobre un terrible tornado en Estados Unidos, el 84 % de las personas que lo vivieron declararon que habían descubierto **su resiliencia**, su resistencia personal, lo que les generó mayor seguridad y autoconfianza. El 69 % decían que habían crecido **y mejorado como personas.** Y un tercio, que habían **mejorado sus relaciones** con su familia, pareja o amigos.

Según Hodgkinson y Stewart (1991),[2] **la confrontación con la muerte** puede revelar **la importancia de la vida.** Y eso provoca que deseemos sentir que existimos, en vez de ir todo el día corriendo, por ejemplo. También nos puede orientar hacia la búsqueda de una **misión de vida o un trabajo con sentido.** De hecho, a nivel laboral esta búsqueda se ha manifestado claramente y ha provocado un fenómeno llamado la «gran renuncia», una ola de dimisiones de trabajadores fijos en Estados Unidos o España que ha llegado a su máximo histórico en 2022.

También hay evidencias de una reducción de problemas psicológicos en pacientes que, durante una catástrofe, vivieron una experiencia de **cohesión grupal, tuvieron redes de apoyo y sintieron la empatía y la sensación de humanidad.** ¿Tal vez los problemas psicológicos de algunos se debían a que percibían esa locura en la que vivíamos y no tenían otro modo de expresarlo o rechazarlo?

En todo caso, esta pandemia ha supuesto para muchos

2. P. E. Hodgkinson y M. Stewart, *Coping with catastrophe. A handbook of disaster management*, London, Routledge, 1991.

un curso intensivo de autoconocimiento, de resiliencia y de búsqueda del sentido de la vida. Un aprendizaje extracurricular duro, pero que invita **a tener esperanza en un mundo con más sentido, en el que sus habitantes saben qué es lo importante**.

Para acabar este relato, se puede afirmar que el cambio de paradigma nos ha impuesto una nueva forma de vida, de organizarnos, de trabajar, de educar a nuestros hijos, de socializar, de comprar, de limpiar, de estudiar, de trabajar en equipo, de liderar e incluso de respirar... y es agotador. Tal vez no nos demos mucha cuenta, pero los últimos años no hemos dejado de trabajar por dentro sin descanso. Es un proceso de aprendizaje y de crecimiento brutal. Y aunque nos agote, es fantástico, así que seamos conscientes y sintámonos orgullosos de la enorme labor realizada, y seamos inteligentes aprovechándola.

Cierto que el tsunami emocional que provocan unas circunstancias adversas seguirá ahí mientras estas no se resuelvan. Convivir con las emociones de la adversidad (ansiedad, miedo, rabia, tristeza, frustración, enfado o inseguridad) durante mucho tiempo pasa factura, y con el peligro acechando a nuestra familia, a nuestro trabajo, a nuestro estilo de vida... es natural y lógico que el desánimo nos visite. ¡A mí me pasa casi cada día! Pero ya sabes que hay trucos para sobrellevarlo mejor. Y uno de los que más me gusta es saber cómo funcionan nuestras emociones, para qué nos sirven y cómo podemos convertirlas en nuestras aliadas, evitando así que nos perjudiquen más de la cuenta.

Se trata de aprovecharnos de ellas todo lo que podamos,

porque no solo nos sentiremos mejor y afrontaremos lo que la vida nos depare, sino que encima brillaremos. Y te lo dice alguien que trabaja en la trinchera, viéndolo cada año en miles de niños, niñas y adultos.

Y no quiero olvidarme de compartir algo que explico mucho en las conferencias, y se refiere a lo que recordarán nuestros hijos e hijas de esta histórica época de adversidad, cuando crezcan y tengan treinta o cuarenta años. Seguramente no recordarán las calles vacías, ni las mascarillas, ni tampoco el número de muertos. ¿Sabes qué recordarán? Desde dónde vivieron papá y mamá los momentos difíciles de la vida, si desde el miedo y la desesperanza, o desde la valentía: «Hijo, a pesar de todo, la vida vale la pena vivirla». Y es que, al final, de cada uno de nosotros solo quedará una cosa, y es cómo hicimos sentir a los demás.

Era un deber para mí aprovechar las terribles vivencias de estos últimos años para hablar de las emociones que los humanos sentimos ante la adversidad y sus consecuencias, en especial en un libro que trata sobre el miedo y cómo conseguir que nos deje un poco en paz. Es vital para entender por qué ahora somos una sociedad más desconfiada, más susceptible y menos amable. Si conoces el origen, ¡podrás ayudar a los demás a entenderlo también! ☺

TERCERA PARTE

Recursos para regular el miedo

9

La valentía

Cuantos más miedos tengas, más valiente
necesitarás ser.

Decía Gandhi que «el miedo manda», y para que eso no suceda, o no suceda tanto, deberíamos ser nosotros quienes lo
gestionemos a él y no al revés. Ahora ya conoces más de cerca la emoción del miedo, y los recursos, todas las herramientas prácticas que existen para gestionarlo, son más fáciles de
utilizar de lo que piensas.

Te recuerdo que hay miedos que no es necesario afrontar
si no queremos. Pero todos aquellos que pertenecen a la vida
cotidiana y que de algún modo te impiden avanzar, deberían
ser afrontados al ritmo de cada persona. Cuanto más breve
es el miedo, más fácil será superarlo, así que empecemos por
saber cómo hacer más pequeño el miedo.

La valentía es la actitud con la que afrontamos el miedo. La considero vital, imprescindible y muy importante
debido al vertiginoso aumento de la sobreprotección en el

último decenio, lo que ha derivado en un mayor número de niños, jóvenes y adultos cobardes. Por este motivo dediqué un libro entero a la valentía,[1] de donde recojo aquí algunas ideas.

Etimológicamente, «valentía» deriva del latín *valere*, y significa «el que más vale, el más fuerte». Ser valiente no es no tener miedo, sino todo lo contrario, es tenerlo y, aun así, actuar. Por ejemplo, si no te da miedo montar a caballo no necesitas ser valiente, solo precisarás serlo si te asusta montar. **Cuantos más miedos tengas, más valiente necesitarás ser** para que el miedo no acabe invadiéndote, paralizándote y decidiendo por ti. Cuando uno no se atreve a afrontar los temores que le gustaría superar, a eso se le llama cobardía. Por supuesto, todos tenemos derecho a ser cobardes en algún momento si no nos sentimos preparados para superar un reto; en estos casos conviene darse cuenta de ello y escribirlo en la agenda de «tareas pendientes» para hacerlo algún día, pues será un buen ejercicio para entrenar nuestra valiosísima valentía y, de paso, aumentar nuestra autoestima y sentirnos válidos, además de saber que podemos ser dignos protectores de nosotros mismos.

Ante un mundo adverso donde el miedo real e imaginario ha crecido como la espuma, es interesante hacerse esta pregunta: «Y yo, ¿en qué miedo descubrí que era valiente?», porque se trata de eso, de descubrirlo conscientemente. Más que nunca, vivimos una época en la que todos deberemos

---

1. Cristina Gutiérrez, *Crecer con valentía*, Barcelona, Grijalbo, 2020.

entrenar nuestro coraje…. Quien no lo haga se quedará atrás, rezagado.

Es importante **no confundir valentía con temeridad**. La temeridad es la ausencia de miedo, lo que puede provocar hacer algo sin pensar, poniéndote en riesgo a ti o a alguien sin justificación suficiente. La valentía, en cambio, supone la presencia de cierto grado de temor, y comporta inteligencia, porque hay que calibrar, valorar los pros y los contras, y te pone en riesgo solo si el motivo lo justifica.

Entrenar la valentía es mucho más fácil de lo que parece. Te propongo un ejercicio: escribe en una libreta todos tus miedos, todo aquello que te asuste como persona (también los referidos a tu aspecto físico), como profesional (incluye a tus compañeros, lo que puedan pensar de ti, etcétera), como madre o padre, tío, abuelo, hijo o hija… Añade también los temores respecto al mundo, la economía, la política, el medio ambiente…

¿Qué tienes que hacer con la lista? El objetivo es que afrontes tus miedos poco a poco pero con intencionalidad, y empezando por los más fáciles, para ir entrenándote. Te pongo un ejemplo: imagina que has escrito «miedo a las abejas», que es bastante típico. Como el miedo es falta de información, lo primero que puedes hacer es buscar información sobre ese tema (ver documentales, leer libros sobre abejas, etcétera). El siguiente paso sería apuntarse a una actividad organizada de apiturismo, en la que un experto y los trajes protectores te facilitarán el acercamiento. Solo con eso ya estarás entrenando tu valentía y conquistando tu miedo. Y, sobre todo, **mandas**

tú. Después puedes repetir la operación con el resto de tus temores. A tu ritmo y sin prisas, pero verás que la valentía también es contagiosa y, una vez que empiezas, el subidón es tan grande que no podrás parar. Si además lo haces con alguien que tiene el mismo temor, puede ser muy divertido porque, francamente, el miedo nos hace comportarnos a veces de manera muy ridícula y a lo mejor te ríes un buen rato. ☺

Te cuento una anécdota. Tras un año de pandemia en el que había estado haciendo todas las ponencias online, saqué del armario una chaqueta marrón para ir a una conferencia presencial en Madrid. En la estación del AVE, metí la mano en uno de los bolsillos y me encontré, sorpresa, ¡con cincuenta euros! La valentía es eso, es ese billete; aunque haga tiempo que no metes la mano en el bolsillo, está ahí esperando a que la saques y la utilices, y todos la tenemos (nuestros hijos e hijas también). Pero si estoy convencida de que no tengo cincuenta euros, no meteré la mano en el bolsillo y ahí se quedarán perdidos e inútiles. La sobreprotección, hacer nosotros lo que pueden hacer nuestros hijos e hijas, significa esconderles su capacidad para ser valientes e impedirles entrenar su coraje. Es cuando cuidar deja de ayudar. Solo tenemos que meter la mano en el bolsillo y sacar la valentía, ella estará siempre ahí, porque es propia de la naturaleza humana.

Sería genial que como adultos, como líderes de empresas y como padres y madres entendiéramos la importancia de **conquistar nuestros miedos con intencionalidad y valentía.** El mundo sería diferente, y nos sentiríamos muchísimo mejor, ¿verdad?

10

La autoestima

No permitas nunca que nadie cambie lo que tú vales.

La sana autoestima es la competencia emocional que más influye en nuestro bienestar, y además nos ayuda a no sentirnos tan amenazados y, por tanto, a no tener tanto miedo ni ansiedad. Pero cada día que pasa parece más difícil de alcanzar.

La autoestima es la **capacidad de quererte**, de gustarte a ti mismo. Rafael Bisquerra la define como «tener una imagen positiva de ti, estando satisfecho y manteniendo una buena relación contigo mismo».

Repara en que nos preocupa y ocupa todo lo referente a nuestras relaciones con los demás: equipos, jefes, amigos, hijos y pareja. Hablamos horas y horas sobre ellas. Cierto que nuestro mayor miedo en España, lo que los demás piensen de nosotros, tiene mucho peso, pero ¿qué piensas tú de ti? ¿Cuánto tiempo dedicas a tener una buena relación contigo mismo? Si te preguntara con quién eres más amable, si con los demás o contigo, ¿qué me contestarías?

Es difícil estar bien con los demás si no lo estás contigo mismo. Por eso deberíamos empezar al revés, es decir, a ser conscientes de que, si tú no estás bien con alguien, tal vez tengas que mirar primero cómo estás de bien contigo mismo.

La autoestima es un tema tan profundo como complejo, al que podríamos dedicar un libro entero. Digo que es complejo porque está muy relacionada con el **autoconcepto** (el concepto de ti mismo), que se construye en nuestra más tierna infancia, a partir de los cinco o seis años según los estudios, por lo que hay muchas vivencias que están enterradas en nuestro subconsciente, asociadas a la creencia de si somos merecedores o no de que nos quieran.

Con la autoestima no funciona mucho lo de anular lo que sientes y dejar que la mente racional te responda con lo obvio: «Claro que te mereces que te quieran». Ella habita en un rincón de nuestra alma y responde por lo vivido y lo sentido (incluso por cosas que quizá ni recordamos) cuando teníamos tan solo seis o siete años, y veíamos la mirada de decepción en los ojos de nuestro padre, madre, abuela o profesor cuando no cumplíamos con la expectativa que se había imaginado de nosotros. Y eso duele y lo llevamos dentro (ya sabes, bien escondido en nuestra habitación oscura).

Es casi imposible no decepcionar alguna vez a nuestros padres o a las personas que nos quieren, pues siempre tienen grandes planes para nosotros y se imaginan lo mejor. Eso es bonito y bueno si se transmite de la manera adecuada. Es importante encontrar la forma de comunicarlo sin dañar la autoestima ni doblegar el orgullo de la persona que supuestamente ha fallado.

Muchas veces todo empieza por tonterías: «Mamá te querrá mucho si no tienes celos de tu hermanito». Pero si tengo celos, ¿qué hago? Por lo general, es cuando se aprende a disimular, a construir ese «yo ideal» para que mamá me quiera y se sienta orgullosa de mí. Y mientras me ocupo de eso, voy escondiendo el «yo real» junto con mis miedos a ser yo y mis celos (que por supuesto solo puedo negar, en lugar de gestionarlos de una manera positiva y enriquecedora). Y empiezo a no sentirme merecedor de que me quieran por ser quien soy, puesto que, por desgracia, yo soy lo que siento y pienso. Ahí es cuando no solo construyo mi personaje del yo ideal, sino que siento que quien es digno de ser amado no soy yo, sino él, el ideal, el que saca buenas notas, el que se porta bien y no tiene celos de su hermanito. Y me creo además que es a él a quien quieren papá y mamá. Hay tanta gente que no se siente merecedora de ser amada... Y tantos padres y madres que educan al hijo o la hija que les gustaría tener (el ideal) y no al que tienen...

Si no te quieres a ti mismo es muy difícil que los demás te quieran bien. De hecho, en el fondo de las relaciones tóxicas y de dependencia suele haber una baja autoestima.

Es interesante hacer una analogía de la autoestima con el «síndrome de las ventanas rotas» del psicólogo Philip

Zimbardo, de la Universidad de Stanford. Este investigador hizo un experimento en 1969: aparcó un coche en buen estado en un barrio acomodado de California, y nada le sucedió al vehículo. Entonces, para demostrar su teoría, rompió una ventana del automóvil. A los diez minutos empezaron a desvalijar el coche, que acabó destrozado en unas horas, sin ruedas y con todas las ventanas rotas.

Lo que quiso demostrar Zimbardo es que cuando vemos que algo está roto, dañado, estropeado o deteriorado, no nos merece respeto y sentimos que podemos, que se nos otorga permiso para acabar de romperlo. Y lo mismo pasa con la autoestima: cuando vemos a una persona con baja autoestima, como si fuera el coche con la ventana rota, nos sentimos con el permiso de reírnos o aprovecharnos de ella.

Ese comportamiento se observa muy bien en la edad en la que los humanos tenemos menos filtros: la infancia. El bullying en el colegio es un ejemplo claro de este síndrome, de cómo van a por el dañado, es decir, el acomplejado, el diferente o el débil de la clase, como si tuviera un letrero que dijera PODÉIS DAÑARME O NO MEREZCO SER RESPETADO.

De alguna manera, es como si nuestro subconsciente conociera el síndrome de las ventanas rotas y tratara de disimular a toda costa nuestras heridas para que nadie pueda dañarnos aún más, lo que nos convierte en **prisioneros sociales**, con esa armadura (arma-dura) siempre puesta para hacer ver que somos el primer coche de Zimbardo, el perfecto y sin rasguño alguno.

Lógicamente, todo este esfuerzo nos lleva al agotamiento

por la tensión y la atención que implican ser ese personaje ideal que nos hemos ido creando, además de convertir las relaciones sociales en algo que nos puede asustar (por ese temor a ser heridos).

Pero, ¿sabes?, todos tenemos alguna ventana rota que tratamos de esconder. Pregúntate: «¿Es inteligente disimular?, ¿qué pasaría si hiciera otra cosa?».

Yo lo he comprobado con diferentes grupos de niños y de adultos que realizaron una dinámica: se quitaron las armaduras y explicaron sus cicatrices delante del grupo de clase o del trabajo. El resultado fue un incremento de la empatía y el bienestar en todos los casos, el desarrollo de un fuerte vínculo y una cohesión brutal, lo que demuestra una vez más que la empatía es la base de la subsistencia de nuestra especie.

Es vital educar en la **sana autoestima**. Y si no nos han educado así, empecemos por reparar nuestras ventanas rotas, queriéndonos a nosotros mismos, abrazando nuestro pasado y acariciando nuestras cicatrices sin avergonzarnos, pues ellas nos han convertido en la persona maravillosa y única que somos, ya que solo así los demás también podrán verlo y querernos bien.

Dicen que la vida es dura, y sí, vivimos experiencias duras como la muerte de un ser querido, una guerra o una pandemia mundial. Pero creo que muchas veces lo que lo hace todo más difícil es la forma que tenemos de relacionarnos con los demás y, en especial, con nosotros mismos, porque lo hacemos con dureza.

El arte de la **comunicación asertiva** para generar víncu-
los y unas relaciones sanas es una asignatura pendiente en los
hogares, en la escuela y por supuesto en las empresas.

Un simple: «Hija, aunque sientas celos de tu hermanita
yo te querré igual. Lo único que no te permitiré es que la
trates con odio», ya me facilita ser yo y quererme, porque
mamá me está dando permiso para aceptarme con celos incluidos, es decir, con mis defectos (no ser la más guapa, ni
la más lista, ni la más hábil). Es aquello de «te quiero hasta
con tus defectos». La comunicación asertiva trata de eso precisamente, de decir «no» o poner un límite claro sin dañar
ni destruir.

Cuando alguien nos decepciona o nos frustra solemos
hacer dos cosas: humillar o dignificar. Humillar es macha-
carlo aún más: «Siempre igual, nunca cambiarás», y dignificar es el «Tú eres mucho mejor que lo que acabas de hacer».
Sinceramente, eso de doblegar (que es de lo más habitual)
debería estar muy bien administrado, porque cuando lo
hacemos también doblegamos almas, espíritus, creatividad,
curiosidad, bondad y, por supuesto, autoestimas. Y justo ahí
nace el odio. Miquel, de catorce años, me confesó: «Me han
dicho tantas veces lo que hago mal que ya no sé lo que hago
bien». Terrible, ¿verdad? Creer con tan solo catorce años
que no haces nada bien. La desmotivación, el desánimo, la
rabia y el miedo campando a sus anchas en un chaval que
está creciendo. No dobleguemos, porque herimos en lo más
profundo de las almas y acaban convirtiéndose en cristales
rotos.

Cuando alguien la líe o se porte mal, pregúntale: «¿Para qué lo hiciste? ¿Qué querías comprobar? ¿Qué pretendías conseguir? ¿Heriste a alguien mientras lo hacías? ¿Valió la pena?». Y cuando te haya contestado, hablad sobre cómo reparar el daño causado, sin doblegar ni amenazar, solo con comprensión, empatía, respeto a los demás y aprendizaje del error... y, por tanto, crecimiento.

Hablar desde la honestidad y mostrar a tu equipo tu propia vulnerabilidad a nivel profesional, por ejemplo, es una señal de una sana autoestima, humildad y liderazgo, ya que te ayuda a no disparar a la frágil y sensible autoestima de las personas que te rodean, la cual te interesa, pues los convierte en profesionales más autónomos, seguros y brillantes. «Aunque hayas fallado, sé que tienes los recursos para reparar el error», impulsa a buscar soluciones. «La situación es compleja y dura, pero es ahora cuando podemos demostrar la excelencia del equipo que somos», inspira y da la fuerza para superar el bache en el camino, en vez de gritar por los nervios. «Robar el cliente a un compañero no es propio de ti. Tú eres mucho mejor que eso. Por favor, arréglalo», permite al otro darse cuenta de cuándo el egoísmo ha hecho acto de presencia en su comportamiento y además le dignifica, pues le regala la oportunidad de recordar su parte buena. Porque, aunque nuestros actos a veces no sean correctos, seguimos siendo buenos.

Trucos simples, como separar el «ser» del comportamiento cuando hablamos, ayudan también a respetar y, sobre todo, a reparar sin dañar, pues solo hay que cambiar «eres un desordenado trabajando» por «tu mesa está desordenada y eso nos hace menos efectivos».

Deberíamos conseguir aceptarnos y querernos, y aceptar y querer a los demás, con defectos incluidos, porque todos y todas los tenemos, es lo natural y no pasa nada. Dejemos la perfección para las matemáticas y los robots.

Es cierto que la vida superficial que llevamos tampoco ayuda, porque sí, hay muchas personas con las que podemos estar, un montón, pero hay poquitas con las que podemos ser, ¿no te parece? Y tal vez esta sea una de las causas por las que hay cada vez más gente que se siente vacía, en especial los jóvenes, como si les faltara algo, como si por mucho que hicieran o tuvieran nunca fuera suficiente para sentirse bien.

Por otro lado, es complejo amar lo que no conocemos, ¿verdad? Así pues, si tenemos pocas ocasiones para «ser», nos separamos de nosotros mismos, y si no sabemos quiénes somos, ¿cómo vamos a poder querernos? Ir corriendo todo el día y estar siempre ocupados en hacer y hacer nos aleja de descubrirnos, lo cual nos debilita y hace que no tengamos una buena opinión de nosotros mismos. ¿El resultado? Inseguridad, miedo y baja autoestima.

No olvides nunca que **la autenticidad no es una característica, eres tú**.

A pesar de las dificultades por nuestro estilo de vida para conseguir la preciada sana autoestima, la cuestión de fondo es que acabas siendo tú el que cambia lo que vale. Lo que digan los demás influye, claro que sí, pero al final somos nosotros los que permitimos dejar de apreciarnos.

Para que eso no se repita, ¿por qué no mostrarnos tal y como somos en vez de aparentar o disimular? ¿Por qué no darnos un tiempo y un espacio para pensar y para «ser»? Y, sobre todo, ¿por qué no recordarnos cada día y recordar también a los demás que **no permitan nunca que nadie cambie lo que ellos y ellas valen**?

11

La serenidad y la calma

> Saber durante la tempestad cuál es nuestra prioridad.

La serenidad es la capacidad para mantener la calma ante situaciones difíciles, de nervios, temor o estrés. Facilita que nos comportemos de forma no precipitada, y por tanto madura y equilibrada, ante las diferentes circunstancias de la vida. Con ella a nuestro lado, no nos dejaremos llevar por las provocaciones, las situaciones adversas o las emociones desestabilizadoras, y eso nos brinda un inmenso poder y liderazgo. Además, la serenidad es necesaria para conseguir el bienestar y la felicidad.

La serenidad tiene mucho que ver con el **autoconocimiento**, pues solo así se consigue el propósito principal: **saber durante la tempestad cuál es nuestra prioridad.**

¿Cómo adquirirla? Lo ideal es aprenderla en la infancia a través del ejemplo, que es como se aprende lo importante. Está relacionada con la **paciencia**, que es la capacidad de esperar sin modificar nuestro estado de ánimo, es decir, sin enfadarte o agobiarte, y que como ya he mencionado resulta difícil de entrenar hoy en día por nuestro estilo de vida y por la tecnología, que acelera la mayoría de los procesos.

Pero hay técnicas relacionadas con la introspección, la respiración, la relajación, la meditación o el *mindfulness* que son de gran ayuda para el desarrollo de la serenidad. Solo se necesita voluntad, entrenamiento y perseverancia, ya que el mundo en el que vivimos, donde siempre hay que hacer, hacer y hacer, nos impide tener tiempo para «ser», que es de donde se nutren la preciada calma y la serenidad.

Otros recursos sencillos para desarrollar la calma y la serenidad son el «Kit de emergencia» y la «Botella de la calma». En mi trabajo los utilizamos casi cada día, y funcionan tanto en niños y niñas como en jóvenes y en adultos.

El «Kit de emergencia» es un juego impreso en una pequeña cartulina que los chavales llevan colgada como si fuese una acreditación. Cada vez que alguien empieza a excitarse o enfadarse decimos: «¡Kit de emergencia!», y todos siguen las instrucciones. La primera pregunta que nos hacemos y te hago a ti es: «¿Dónde tienes la lengua? ¿Arriba tocando el paladar o abajo relajada?». Ahora haz lo siguiente, mueve los dedos gordos de los pies, arriba y abajo, tratando de no mover el resto de los dedos, mientras respiras profundamente diez veces. Recuerda, ¡¡¡solo los dedos gordos!!! ☺ Todo el juego dura apenas unos treinta segundos. Cuando hayas acabado las diez respiraciones y el movimiento de los dos dedos, una última pregunta: «¿Te ha bajado la lengua?». Si te ha bajado, genial; si no, vuelve a repetirlo porque tener la lengua arriba significa que hay tensión o estrés (si además el nervio de uno de tus párpados se mueve, es muy probable que haya ansiedad). El «Kit de emergencia» es un truco fácil para hacer en la oficina, en el coche o en casa. Presta atención a cómo tienes la lengua y regúlalo con este pequeño juego. Ya te adelanto que hay niños y niñas de seis o siete años que se lo llevan a casa y lo integran en su vida, y consiguen ser conscientes de cuándo sienten emociones negativas que los tensan y lo regulan hasta cambiarlo. Tras aprenderlo, se sienten mejor, pues su comportamiento es mucho más adecuado y funcional. ☺

La «Botella de la calma» se puede utilizar en equipo o en casa. Se trata de reciclar una botella pequeña de vidrio o de plástico. Cada uno pone su nombre y la llena de agua y de purpurina de colores o figuras (lunas, estrellitas, peces...). Puedes dejarla al lado del ordenador, y cada vez que notes la lengua arriba o que sientas ansiedad, la agitas bien y la vuelves a colocar en la mesa mientras observas cómo los granos o figuras de purpurina se deslizan, poco a poco, en una especie de baile en el agua. Te aseguro que te calmarás. ¡Ah! Y si va a haber una reunión que se prevé tensa, que todos lleven su botella de la calma ¡por si hace falta utilizarla! ☺

La serenidad, ese poder de saber siempre cuál es la prioridad en medio de una tempestad, es una habilidad envidiable que algunos tienen la suerte de poseer. Pero lo bueno de las competencias emocionales es que todas se pueden desarrollar con entrenamiento y constancia. Y en realidad solo se necesita una cosa: ¡querer!

12

Ocuparse vs. preocuparse

> La preocupación te mantiene ocupado,
> pero no te lleva a ningún sitio.

Como ya te habrás dado cuenta, la preocupación, la ansiedad y el estrés son muy amigos, de hecho pasean juntos y de la mano. Y los tres nos provocan más de un dolor de cabeza. Pero centrémonos ahora en la conocidísima «preocupación», pues cuanto más miedo, incerteza o ansiedad haya, mayor preocupación existirá.

La preocupación es un estado de desasosiego provocado por un problema o un temor (real o imaginario). Todos conocemos a personas eternamente preocupadas, y por tanto suelen estar nerviosas e intranquilas, y además, ¡pobres!, sufren un montón. Claro, porque están muy ocupadas preocupándose, pero eso no las lleva a ningún sitio, pues se quedan quietas y estancadas. Pero fíjate en un detalle, si divido la palabra pre / ocupación, el significado es «antes de la ocupación».

Las personas de éxito y con gran capacidad de gestión tienen una singular habilidad que practican a diario de manera automática. Para empezar, distinguen tres áreas: la ocupación, la preocupación y la resignación. Y lo que hacen es preguntarse: «De esto que me preocupa, ¿qué puedo hacer yo y qué depende de mí?». Si la respuesta es «Puedo hacer X», lo llevan al área de la ocupación en forma de una acción. Si la respuesta es «No puedo hacer nada, no depende de mí», lo llevan directamente al área de la resignación, ya que si no depende de ellos, ¿para qué preocuparse?

Para ellos, la zona «antes de la ocupación» es solo de tránsito y no tienen nada o casi nada en ella, por lo que suele ser muy pequeña. Por el contrario, su área de ocupación es muy grande, por eso son personas muy atareadas; siempre tienen algo que hacer, un libro por leer o un proyecto que empezar.

Por ejemplo, si les preocupa no llegar a final de mes, hacen un Excel para controlar gastos y decidir cuáles son necesarios y cuáles prescindibles, o buscan un trabajo extra el fin de semana, o planean una excursión al bosque y hacen un pícnic en vez de ir a un restaurante. Lo que nunca hacen es quejarse ni lamentarse, porque son proactivas y están orientadas a la acción.

Otro ejemplo, si les preocupa que el sábado llueva y les fastidie el plan con los amigos en la playa, ¿qué hacen? Sacan la lluvia de la preocupación (va directa a la zona de resignación) y se centran en pensar en un plan B (zona de ocupación), o compran chubasqueros para todos y organizan una divertida yincana bajo la lluvia.

Y así estas personas lo resuelven todo, desde problemas
con sus equipos en el trabajo hasta conflictos familiares o de
pareja. Son muy adaptativas y prácticas, valientes y persevee-
rantes, y sufren poco porque no tienen tiempo, están siempre
ocupadas haciendo, y con buena predisposición pues no sienten la losa de la preocupación encima, ya que su experiencia
les ha enseñado que los estados de ánimo positivos ayudan
a buscar soluciones creativas y económicas.

**Cuando nos ocupamos, ponemos la mente en el momen-
to presente** desde la concentración y la focalización en la tarea. Eso nos empuja a la acción y nos convierte en más inteligentes, creativos y eficaces. Cuando nos preocupamos pasa
todo lo contrario, la pasividad nos bloquea porque detrás tenemos al miedo y su gran poder para hacernos sentir amenazados y, por tanto, paralizarnos.

Una vez más, se trata de aprovechar los trucos que la gestión de las emociones nos ofrece, porque podemos cambiar
nuestra vida desde la base, desde los pensamientos, las creencias y los comportamientos, lo que nos permitirá sentir ese
bienestar que todos merecemos. Deberíamos convertirnos en
activistas del bienestar emocional, porque sentirnos bien es
un derecho que hay que reivindicar.

13

Exigencia vs. excelencia

> Cuando pruebas la excelencia, no hay marcha atrás, porque ya no te conformarás con la mediocridad.

Un recurso práctico que hay que considerar es el de la exigencia y, en especial, el de la autoexigencia, porque es uno de los principales motivos de miedo y de ansiedad en el mundo, tanto en adultos como en niños y jóvenes.

Empecemos por entender que la exigencia es un compromiso con la perfección, lo que lógicamente conlleva miedo y tensión (algo que se agrava con la autoexigencia, cada vez más extendida). Nos hace hablarnos o formular frases desde el «tengo que», y desde la creencia y la obligación de tener que hacerlo perfecto y llegar siempre a todo. Este hecho aumenta la presión y la idea de que no puedo fallar ni decepcionar, porque mi autoestima está en juego, ya que si no cumplo con las expectativas sentiré que no merezco ser querido o querida (y eso asusta un montón).

Una solución es cambiar la exigencia de ser una chica o un chico 10 por la excelencia, que es bien distinta.

La excelencia también es un compromiso, pero en este caso con la **mejora continua**, lo que conlleva **humildad**. Aquí hablamos desde el «me gustaría», lo que nos ayuda a reducir la presión: «Me gustaría hacerlo perfecto y llegar a todo, pero aún no soy capaz, he de seguir aprendiendo». Eso nos permite focalizarnos en la tarea, en aprender desde la calma, lo que acortará los tiempos en los que realizamos nuestros cometidos, alejándonos de paso de la ansiedad. **Cuando pruebas la excelencia, no hay marcha atrás, porque ya no te conformarás con la mediocridad.** No en vano, la palabra deriva del latín *excellentia*, y significa «cualidad del que sobresale». Por cierto, cuando la pruebas, la actitud del aprendizaje continuo engancha mucho, porque tras ella está el deseo y, no sé, es como recibir continuas inyecciones de ilusión en sangre. Y si no puedes realizar un superproyecto no te importa, porque sabes que puedes llevar a cabo pequeñas acciones excelentes, ya que la excelencia es una actitud y la llevas puesta.

Como ya he explicado, la neurociencia muestra que las emociones negativas, como el miedo, la ansiedad, la tristeza o la rabia, disminuyen nuestra capacidad cognitiva; por este motivo, si la exigencia nos acerca a la tensión tardaremos más en resolver problemas matemáticos, memorizar, entender contenidos o tomar decisiones acertadas.

Un mundo repleto de miedo y ansiedad, y con mucho analfabetismo emocional, es peligroso para la salud emocional y, por tanto, para la salud mental de la sociedad. Tener trucos para gestionar lo que sentimos resulta urgente, y pasar de la exigencia a la excelencia puede ser una buena manera de quitarnos presión de encima, que siempre viene bien, ¿no?

Espero que te funcione cambiar la manera de hablar: sustituye el «tengo que» por el «me gustaría», de este modo pasarás de la obligación al deseo. ☺

14

Gente bonita, gente sin miedo

> Regular nuestra rabia y nuestro miedo nos
> hace bonitos.

Me gusta la gente bonita, esa que no necesita que alguien le
haga sentirse bien porque, sencillamente, ya se siente bien por
sí misma. Creo que ahí radica la belleza de las personas.

Cuando esas personas son tus clientes, me gustan porque
son fáciles, no se molestan a la mínima y comprenden que no
todo debe estar siempre a su gusto. Además, son humanos y
entienden los errores de los demás, y no centran tanto sus expectativas en ser complacidos a toda costa, sino que buscan
una experiencia compartida que haga más agradable su día.

Y también me gustan porque los «bonitos por dentro»
consiguen, posiblemente sin darse cuenta, que lo que les rodea también lo sea, y en este mundo convulso, saturado de
frialdad, dolor, miedo y aceleración, encontrarte con personas así mientras trabajas hace que te relajes y te sientas cómo-
da y sin tensión. Es cuando por fin puedes ser un humano

que atiende a otro humano que no te busca el fallo para dispararte al corazón.

Entrenar y desarrollar la capacidad de sentirse bien, como ya he comentado, debería ser una prioridad tanto en el hogar (para que nuestros hijos nos imiten), como en las empresas y, por supuesto, en el sistema educativo y universitario. Y el camino para lograrlo empieza por ser conscientes de nuestros miedos, de nuestra rabia y de nuestra tristeza para poder regular lo que sentimos, pues es el obstáculo principal que nos impide ser bonitos por dentro y, por ende, bonitos por fuera. Es decir, **regular nuestra rabia y nuestro miedo nos hace bonitos**.

En el ámbito profesional acostumbramos a hablar horas y horas con personas que se sienten mal y te hacen sentir mal a ti cuando las atiendes, ya sabes, esas que te tratan como si fueras un cubo de basura en el que se puede volcar la **toxicidad ajena**. Y sin darnos cuenta, vamos agrandando el grupo de la gente «no bonita», convirtiéndonos a veces en una de esas personas. Pero ese cubo es un humano con un corazón que siente y padece como todo el mundo.

Un truco genial para evitar que te caiga la basura ajena es ponerte la tapa. Porque sí, somos un recipiente que lo acoge casi todo, pero también tenemos la libertad y el poder de no dejar que entre lo negativo de los demás. Coge la tapa con decisión y no permitas que nadie tire su porquería en tu interior (que seguramente con la tuya ya tienes más que suficiente). Cuando veamos a alguien enfadado, agresivo o quejoso, seamos conscientes, pongamos atención y no hagamos nuestro lo que es de los demás.

Este capítulo quiero dedicárselo, de todo corazón, a los bonitos y bonitas por dentro, a los que son capaces de sentirse lo suficientemente bien por sí mismos, sin necesidad de disparar a nadie al corazón para aliviar esa herida que tanto duele. Mi reconocimiento a todos ellos porque encima lo hacen con humildad, en silencio y con una sonrisa enganchada en la piel. Gracias de verdad, porque con cada gesto mejoráis el mundo.

Conseguir gente bonita es, en mi opinión, la finalidad última de una comunidad con sentido. ¿Lograremos ser esa comunidad algún día?

15

El autoengaño

> El autoengaño está ahí para ayudarnos en
> un acto de pura supervivencia.

El autoengaño fue uno de los recursos que utilicé para adaptarme a ese cambio de vida que supuso la pandemia, y en especial durante los diferentes confinamientos que tuvimos que vivir, además de los siete meses en los que La Granja de Barcelona, donde trabajo habitualmente, estuvo cerrada como medida sanitaria preventiva.

Cuando las cosas que nos pasan son difíciles de expresar por el impacto o el asombro que nos generan, cuando nos cuesta aceptar lo que vemos, tratamos de disimularlo para no sentirnos débiles ni vulnerables, pues de algún modo sabemos que debemos seguir adelante, y el **autoengaño está ahí para ayudarnos en un acto de pura supervivencia.**

«Engañar», del latín *ingannare*, significa «enredar a uno con charlatanería». Y eso es lo que hace nuestra mente, «disimular» lo que aún no puede digerir, diciéndonos que no es para tanto, que podemos con todo o que hay personas que están mucho peor; es una especie de autoconsuelo que sabemos que nos ayudará a parar el primer golpe para disminuir ese miedo o dolor que estamos sintiendo por el cambio de vida que se avecina.

Y esa pequeña distracción, ese pequeño autoengaño, consigue que nos sintamos un poquito mejor y más fuertes, lo cual es natural, bueno y positivo, siempre y cuando seamos conscientes de que es un recurso más a nuestro alcance para concedernos más tiempo para adaptarnos, y que debemos aprovecharlo para minimizar las emociones negativas que sentimos (miedo, rabia, tristeza) hasta que se acabe ese tsunami que nos provoca la situación sobrevenida.

El autoengaño ayuda si somos nosotros quienes lo utilizamos a él y no él a nosotros. Si no tenemos la sartén por el mango de nuestra regulación emocional, nos quemaremos.

En mi caso, y permíteme ser directa, durante muchos meses me autoengañaba para tener el control, pero mi cuerpo y mi mente me repetían cada día: «Sí, sí, pero todo esto que está pasando es terrible, se te ha parado la vida, la que tú querías y habías decidido vivir. El desánimo, el miedo, la ansiedad y la tristeza están en el portal de casa esperando para atraparte, y estás agotada de tanto esquivarlas». Porque aunque nos aliviemos con la charlatanería del autoengaño, nuestro piloto automático (el miedo) sigue encendido y nos avisa de que lo que estamos viviendo es tan terrible como real, y que antes o después deberemos aceptarlo, es decir, vivir con ello de la mejor manera posible.

La **fortaleza** es la cantidad de días que seremos capaces de esquivar las emociones negativas que nos esperan en el portal de casa. Pero cuando estas emociones nos atrapen, algo que al final pasará, no nos asustemos, recordemos que todas son buenas, desagradables pero buenas para nosotros; lloraremos de impotencia, actuaremos desde el miedo y estaremos tristes por todo lo perdido o añorado. Y no pasará nada, lo natural es **sentir en lugar de tanto aguantar y disimular**.

El autoengaño es un recurso a nuestro alcance siempre que no abusemos de él.

16

El cuento que te cuentas

> ¿Qué pasaría si nos mirasen como un mundo lleno de posibilidades?

Cuando me invitaron a dar una charla de formación al equipo docente de la escuela Llor de Sant Boi (Barcelona), no imaginé el impacto que me causaría lo que vi durante un motivador concurso a lo *Masterchef* que se realizó después, en el que participaron todos los profesores del colegio. Un concurso real y auténtico, pues estaba incluso el famoso cocinero Pepe Rodríguez de jurado, miembro del programa que se emite en Televisión Española.

Mientras paseábamos como jurado por las nueve mesas, me fijé en cómo, antes de empezar, los profesores miraban cada uno de los ingredientes que tenían sobre su mesa como si fueran una maravilla, algo digno de admiración, pues la cebolla, el ajo, las fresas, la piña, el queso o las especias más extrañas eran un mundo lleno de posibilidades ante sus ojos, listos y preparados para crear con ellos el plato más exquisito, donde además del sabor, la presentación debía ser original y creativa.

No puedo olvidar sus miradas abiertas, llenas de curiosidad y sorpresa, con ganas de ponerse en acción para crear algo juntos y en equipo. Y en todos y cada uno de ellos había una sonrisa de ilusión. En ese instante pensé: «¿Qué pasaría si los ingredientes fueran personas? **¿Qué pasaría si nos mirasen como un mundo lleno de posibilidades?**».

Aunque no nos guste la cebolla y nos deje mal olor en las manos tras manipularla, ese día no vi rechazo, sino la **ilusión por un propósito mayor**, conseguir hacer algo grande con ella. Sí, hay personas que son como las cebollas. Y las hay como el queso azul, fuerte e intenso. O como las fresitas, que a todos nos encantan porque son fáciles y sabrosas. Y también como las especias, algunas tan extrañas e inusuales que no sabemos muy bien qué hacer con ellas, hasta que llega Pepe y con un pellizco cambia el gusto del plato, de la vida, del mundo.

Cada persona es un ingrediente de esa mesa cuidadosamente dispuesta. Todos diferentes, únicos y especiales, y creados para algo.

Ahora solo hace falta que sepamos mirarnos unos a otros como hicieron esos setenta docentes repartidos en nueve mesas llenas de magia y de posibilidades. Y si nos cuesta empezar por nosotros, por aquello de que somos adultos y creemos que es demasiado tarde, intentemos al menos hacerlo con nuestros hijos e hijas, con nuestra pareja y con nuestros compañeros de trabajo, porque eso los conectará con la valentía y el coraje, con la pasión y la ilusión, con la iniciativa y la proactividad. En definitiva, con todo lo que ayuda a vencer nuestros temores para que podamos dirigir nuestra nave a ese puerto de calma y bienestar que tanto anhelamos.

Y ya que estamos soñando, estaría bien que esa forma de mirar a las personas se incluya en alguna ley educativa para que, algún día, el hecho de que nos miren como alguien lleno de posibilidades sea lo natural en nuestra sociedad, incluido el mundo laboral. ¿Te imaginas cómo nos haría sentir?

17

Estar tú bien por si los demás no lo están

> Que la buena gestión emocional no sea una
> de las contiendas perdidas.

Con todo lo que ya sabemos sobre las emociones y su potente influencia en nuestro pensamiento y en nuestro comportamiento, es lógico y comprensible entender que muchas veces nos sintamos mal. Pero si a esto le sumamos el analfabetismo emocional que nos rodea, además de una pandemia mundial que nos ha sacudido y trastocado a casi todos, una guerra en Europa, el cambio climático y sucesivas crisis de todo tipo, lo que nos encontramos es a muchísima gente que está más que mal, fatal. Ya está ocurriendo, como muestran decenas de estudios,[1] y la Organización Mundial de la Salud

---

1. Entre otros estudios están: «PSY-COVID-19», Grupo de Investigación en Estrés y Salud de la UAB *et al.* (2020), estudio realizado a 75.000 personas a nivel global, en el que han participado ochenta investigadores de cuarenta universidades; «Salud mental y COVID-19. Un año de

(OMS) ha pronosticado que la principal causa de baja laboral en 2030 será la salud mental. De hecho, también lo veo cada día en mi trabajo, tanto en adultos como en jóvenes, y en menor medida en los más pequeños.

Y los niveles de gente que está fatal son tan altos que, llegados a este punto, solo podemos asegurarnos de hacer una cosa sobre la que sí tenemos cierto control: procurar estar nosotros bien por si la gente que nos rodea no lo está.

En el lugar donde trabajo, por el que pasan cada año miles de niños, familias y equipos de diferentes empresas y organizaciones, podemos constatar el aumento de la apatía y la desesperanza en grandes y pequeños; vemos cómo el miedo, la susceptibilidad y la desconfianza son los que toman muchas decisiones en los adultos, y cómo la rabia, la agresividad y la irascibilidad están transformando la manera de comunicarnos, provocando aún más enfado y malestar.

La cosa no pinta bien, y son tantas las emociones negativas que hemos ido acumulando sin darnos cuenta, llenando aún más nuestra habitación oscura y desordenada, que todo ello tendrá sus consecuencias: un aumento de los niveles de agresividad y violencia, además de un mayor número de conflictos y enfrentamientos en el trabajo, en la escuela y en casa, que obviamente nos harán sentir aún peor.

---

pandemia», Confederación Salud Mental España (2021); «Los servicios de salud mental se están viendo perturbados por la COVID-19 en la mayoría de los países», OMS (2020); y «La pandemia de la COVID-19 y la salud mental de las mujeres», Som Salud Mental 360º (2020).

Y aunque es de dominio público que todo eso pasará, fíjate en un detalle: seguimos sin saber, por ejemplo, que los conflictos son inevitables porque forman parte de la esencia de las relaciones humanas. Que no nos asuste un conflicto, en todo caso, y si algo nos ha de atemorizar que no sea el conflicto en sí, sino el no tener recursos para afrontarlo. De la misma manera que dedicamos tiempo a aprender cómo utilizar una máquina o un programa informático cuando empezamos un trabajo, ¿por qué no dedicarlo también a aprender que el conflicto llegará y no habrá que disimularlo, solo afrontarlo de manera positiva y desde la calma? Aprende recursos para una buena gestión emocional, como la empatía, la comunicación asertiva, la autonomía o la autoestima, y verás cómo el clima laboral cambia y tu bienestar mejora.

Un mundo tan adverso como el actual comporta muchas batallas con las que lidiar, y es inevitable perder algunas o muchas de ellas. En general, veo con bastante nitidez que son las dificultades las que nos están liderando, y nosotros vamos a rebufo, haciendo un poco lo que podemos (subida de los precios, falta de materias primas, aumento de los tipos de interés de las hipotecas, proliferación de nuevas gripes como la A, decisiones políticas sobre la marcha, etcétera). La cosa está complicada, es cierto, pero **que la buena gestión emocional no sea una de las contiendas perdidas**. Todos estamos igual, en una especie de tira y afloja. Aguantar la presión de la cuerda con orgullo, respirando y buscando la calma, es una buena opción. Y cuando el escenario de eso que te pasa sea más liviano, entra en la habitación y empieza a ordenar. Pon orden en lo que aún te duele, realiza una acción para cada cosa y sigue adelante.

Un truco para conseguirlo es tener claro que cuando estamos mal, solo somos capaces de sobrevivir, de ir tirando con lo que llevamos puesto, es decir, con esas habilidades o competencias que tenemos integradas. Por eso lo inteligente es que cuando estemos bien, tranquilos, en calma o en equilibrio, aprovechemos para leer, formarnos o prepararnos para tener más recursos y herramientas interiorizadas para lidiar con las dificultades cuando estas se presenten. Puedes formarte en comunicación asertiva, en resolución de conflictos o en Educación Emocional Aplicada; puedes practicar meditación o yoga; también puedes hacer actividades en familia donde entrenes alguna competencia antes de que tus hijos lleguen a la adolescencia, por ejemplo, o para cohesionar tu equipo del trabajo y conoceros más. Este truco es infalible, nunca te fallará porque se trata de **crecimiento**, y además te tranquilizará saber que para el próximo problema tendrás más recursos para afrontarlo con eficacia, de manera más funcional o adaptativa.

Brindo para que lo consigas y, sobre todo, para que, juntos, nos confabulemos para **rescatar la empatía, el optimismo y la ilusión**. Celebremos y hagamos saber a todo el mundo que podemos superar el temor con la valentía, compensar la rabia con la paciencia, obtener recursos para gestionar un conflicto y superar la tristeza con esa alegría que quizá hemos arrinconado.

Decía Oscar Wilde: «El egoísmo verdaderamente inteligente es procurar que los demás estén bien para que tú estés mejor». Pues eso, empecemos por estar bien nosotros y seamos egoístamente inteligentes para que así, y con la empatía de nuestro lado, ganemos la guerra a cualquiera que amenace a nuestra especie.

18

Autonomía emocional

> Si quieres oler a una emoción concreta, empieza por sentirla y practicarla tú, y el olor vendrá seguro.

Si esta mañana hubiera entrado en tu casa, por ejemplo a la hora del desayuno, antes de que te fueras a trabajar o a llevar a los niños al colegio, ¿a qué emoción crees que me habría olido tu casa? A estrés, prisas, agobio, desánimo, impaciencia, enfado...

Y si te pregunto a qué emoción te gustaría que oliera tu casa, ¿qué me contestarías? A calma tal vez, o a serenidad, o te encantaría que a paciencia, o mejor a alegría, o preferirías el amor, la ilusión o el optimismo...

No solemos hacernos estas preguntas, ¿verdad? Aunque sería una muy buena costumbre, pues nos permitiría acercarnos a aquello que anhelamos, a veces en un eterno silencio.

Es muy importante saber a qué emoción huele nuestro hogar, porque es o debería llegar a ser nuestro remanso de paz, nuestro lugar de reparación del mundo exterior, nuestro nido de amor, de serenidad y de aceptación, donde podemos destensarnos, dejar de disimular y aparcar nuestra gruesa y pesada armadura para sentirnos por fin cómodos.

Para conseguir este maravilloso espacio es básico descubrir, juntos y en familia, a qué nos apetece que huela. Solo hay que preguntarlo en la cena: «¿A qué emoción queréis que huela esta casa?», y tras apuntar las respuestas de cada miembro de la familia en un papel que colgaremos en la nevera, ya tendremos definidos los objetivos. El siguiente paso será ponerlos en práctica. ¿Cómo? Cada vez que nuestro hogar no huela al «respeto» o a la «calma» que alguien escribió, por ejemplo, deberemos señalar la nevera. La coherencia con los objetivos y el «darse cuenta» nos facilitará atenuar el tono de voz o reducir la impaciencia.

Por otro lado, si somos los primeros en querer que nuestro hogar huela a alegría y en el desayuno ya estamos agobiados o de mal humor, es difícil que huela a otra cosa que no sea negatividad, ¿verdad? La cuestión es bastante simple: si quieres oler a rosas te pones un perfume de rosas, ¿no? Pues con las emociones funciona exactamente igual. **Si quieres oler a una emoción concreta, empieza por sentirla y practicarla tú, y el olor vendrá seguro.**

Fíjate que hablo de olor, ¿sabes por qué? Porque el olor no engaña. Y como solemos disimular las emociones y hacer ver que todo es fantástico y perfecto (lo cual es perjudicial si no es verdad), siempre trato de buscar metáforas que nos faciliten **acercarnos a la verdad.**

Es cierto que no todos los hogares pueden ser ese lugar de sosiego tan fantástico. Y los hay en los que parece que llegues a un campo de batalla, donde niños y adolescentes luchan por saltarse los límites y los padres por mantenerlos. Y también donde todos están habitualmente enfadados y nadie se siente bien. El objetivo de esta dinámica es ayudar un poquito a hablar las cosas, o al menos a definir un mínimo, el de a qué nos gustaría a cada uno sentir en casa. Si la convivencia no es buena, tal vez hacer algo diferente dé resultados distintos. ¿Por qué no pruebas, a ver qué pasa? ☺

Por cierto, ¡esto también se puede trasladar al trabajo! Si te pregunto a qué emoción huele tu oficina, ¿qué dirías? Y si añado que a qué emoción te gustaría que oliera, ¿qué responderías? Esta dinámica puede hacerse con el equipo, escribiendo cada uno su respuesta y escogiendo a continuación dos o tres emociones como aroma de vuestro despacho; después colgáis el resultado en un lugar visible para poder señalarlo cuando alguien esté más enfadado de la cuenta.

Es una manera divertida de entrenar la consciencia emocional, para que las emociones positivas estén más presentes en nuestro día a día, y que no solo el hogar sea un lugar de bienestar, sino también nuestro espacio profesional, donde solemos pasar un montón de horas cada día. ☺

19

Hacer el miedo más pequeño

> Hoy he hecho mi miedo más pequeño y mi valentía más grande.
>
> Martina, seis años

El primer paso para afrontar cualquier miedo es **la consciencia emocional**, es decir, reconocerlo, darnos cuenta de que lo estamos sintiendo. ¿Cómo? Presta atención a tu cuerpo: ¿hay tensión muscular, se te acelera el corazón, tienes sudoración o sensación de ahogo? ¿Te cuesta dormir, aprietas los dientes o se te mueve el párpado? Si la respuesta es sí, es que hay algún tipo de tensión emocional y probablemente el miedo te está rondando. Ahora pregúntate: «¿Hay algo que me asusta o me preocupa?», y escríbelo en un papel si no lo hiciste en el ejercicio anterior. Escucha también y con muchísima atención qué te dice tu mente y anótalo. Lo que buscamos es **desenmascarar al miedo** que está tratando de seducirte con sus comentarios; tal vez te susurra: «No vas a poder con ello»,

«Seguro que te sale mal», «Eso es imposible», «Es peligrosísimo», «No te fíes», «No les vas a caer bien», «El niño no podrá y le va a pasar algo malo»… El objetivo es ser consciente cada vez que el miedo te empuja a hacer la peor interpretación posible y de ese modo frenarlo, quitarle el poder, que te deje en paz y seas tú quien lidera esa situación, no tu miedo, aunque por supuesto él tratará por todos los medios de seguir ahí, pues ya conoces cuál es su importante misión: protegerte al precio que sea. Si hace tiempo que el temor habita en ti, será una pequeña batalla interna, pero no te preocupes porque tú, aunque aún no lo sepas, eres más grande que tus miedos, ¡pero que mucho más! ☺

Una vez que somos conscientes, viene la segunda parte, la **regulación emocional**. Es el «quieto parado», que voy a pensar antes de actuar. Y para ello todos tenemos una herramienta fantástica en los bolsillos que se llama **valentía**, pero también un truco infalible que utilizo cada día en mi trabajo: **concretar el miedo para hacerlo más pequeño**, porque cuanto más pequeño sea, más fácil será afrontarlo.

Un ejemplo típico es cuando a un niño o niña le da miedo salir de campamento con su clase (o dormir fuera de casa). ¿Qué podemos hacer? Yo le diría: «¡Ah! Y de ir de campamentos, ¿qué te preocupa concretamente?». La mayoría suele responder: «Dormir fuera de casa». Fíjate que con una simple pregunta ya estamos pasando de tres largos días de campamento a que le asustan tan solo las dos noches. Y podemos seguir preguntando: «Y de dormir fuera de casa, ¿qué te asusta concretamente?». Es posible que responda: «Añorar a mis padres», a lo que podemos contestar: «Claro, los añorarías el ratito antes de dormirte, ¿no?». Ahora, de dos noches hemos pasado a los dos momentos en que se meterá en la cama para dormirse. Es mucho más fácil afrontar dos ratitos antes de dormir que tres largos días, ¿no? Aquí podemos proponerle: «Puedes llevarte a tu osito para que te acompañe». Y si añadimos: «¿Sabes, cariño? Tu valentía es más grande que tu miedo», seguro que sonreirá aliviado porque todos deseamos que se nos reconozca nuestro coraje, y además pocos quieren perderse la experiencia de jugar en la naturaleza rodeados de animales. Si somos creativos y nos gusta jugar, como padres y madres podemos escribirle una carta en la que describiremos qué nos gusta de él o de ella, para que le dé la fuerza necesaria, y la autoestima suficiente, para afrontar ese ratito y que sienta que estamos muy cerquita de su corazón: «Te escribiré una carta secreta muy importante, y solo podrás abrirla y leerla antes de irte a dormir en el campamento». Los retos forman parte de la naturaleza humana, entrenemos a nuestros pequeños y que esta herramienta de gestión emocional sea un derecho de todos y todas.

Otro temor típico es hablar en público. Imagínate que un compañero debe exponer los resultados en una asamblea general de socios, y te dice que le da miedo hablar en público, que no lo soporta y le sale fatal. Pregúntale: «Concretamente, ¿qué te da miedo de hablar en público?». La mayoría suele contestar: «Hacerlo mal». Puedes seguir: «Y, concretamente, ¿qué te da miedo de hacerlo mal?», a lo que es muy posible que responda: «Hacer el ridículo». Y tú continúas: «En concreto, ¿qué es hacer el ridículo para ti?», y puede que diga: «Quedarme en blanco, tartamudear…», aunque esa persona ¡¡¡nunca haya tartamudeado!!! ☺ Fíjate que con tres preguntas hemos pasado de algo muy grande como es hablar en público a algo más concreto y pequeño: tartamudear o quedarse en blanco. Y aquí la solución es fácil, solo tienes que hablarle a la valentía de esa persona: «Escucha, cuando lo conquistas, el miedo te deja en paz. Nunca te he oído tartamudear, así pues, dudo que eso ocurra, y con el PowerPoint detrás con todos los datos será difícil que te quedes en blanco. Pero hacemos un pacto, si veo que tartamudeas o que te quedas en blanco, me levantaré y explicaré una anécdota divertida para que te dé tiempo a calmarte y respirar, ¿te parece?». No neguemos el miedo, abracémoslo con cariño, pero sabiendo que la valentía y el coraje de las personas también están ahí, esperando que alguien los vea para salir de su escondite. Seguro que la persona en cuestión te mirará antes de empezar a explicar a los socios los resultados, y tu sonrisa hará que ni tartamudee ni se quede en blanco.

Pero hay más trucos que funcionan, y pueden darte más ideas para convertir los miedos en algo más pequeño:

- ¿Es un hecho o una opinión? Ante una situación que te preocupa, pregúntate si es una opinión (en el sentido de que es algo que te estás imaginando) o es un hecho. El «Me ha mirado mal» es una opinión, no un hecho. El «Hace calor» es una opinión; un hecho sería «Estamos a 36 grados». El «No le gusto al jefe» es también una opinión, a no ser que le preguntes y él te conteste: «Es cierto, no me gustas»; entonces es un hecho. Si te fijas, casi todas nuestras actitudes y nuestros comportamientos son respuestas que nacen de opiniones, no de hechos. El origen de multitud de conflictos proviene de opiniones y malentendidos. ¿Sabes? Hay algo peor que tener un problema, y es ¡no tenerlo y no saberlo! **Sufrir por algo que imaginas es muy poco inteligente.** Si realmente te preocupa, **pregunta y asegúrate de que hay un hecho detrás.**

- Otro recurso facilísimo es poner atención cuando alguien empieza las frases con «¿Y si...?» («¿Y si nos equivocamos?», «¿Y si fallamos?»...). Contéstale con: **«¿Y si no?».** Si por aquellas cosas de la vida eso te pasa a ti, contéstate lo mismo, y al cabo de diez días verás cómo cambia tu forma de pensar e incluso de hablar y actuar. Y cuando en casa te digan: «Y si llueve el día del cumpleaños del niño», contesta: «¿Y si no?». Verás como la otra persona sonríe y calma su ansiedad.

- «El 85 % de los miedos...». Confieso que este dato lo utilizo un montón de veces para gestionar el miedo imaginario. Con frecuencia me digo: «A ver, Cristina, **el 85 % de los miedos que sientes no sucederán nunca**, así que cálmate». Y la tranquilidad me facilita pensar con inteligencia y ocuparme en lugar de preocuparme.

- ¡Salta! Sí, sí, has leído bien. Cuando sientas miedo y quieras reducirlo a cero, ¡salta! ¿Te comen los nervios porque tienes que hablar en público, hacer un examen o acudir a una reunión tensa y complicada? Salta cuatro, cinco o seis veces justo antes de entrar. **Cuando saltas, el cerebro interpreta que no hay peligro**, básicamente porque ante una amenaza nadie salta. Solo saltamos para jugar. Pruébalo, engañarás a tu cerebro, este reducirá el miedo, susto o espanto, te hará reír (cuando saltes verás que no podrás evitar reírte) y de inmediato cesarán tus pensamientos tóxicos («Saldrá mal», «Lo haré fatal»). Notarás menos ansiedad, y tus posibilidades de éxito aumentarán porque tu cerebro reptiliano no se sentirá amenazado y dejará el protagonismo al cerebro racional, que es el que suele comportarse en estas situaciones de manera más serena y acertada.

Otro recurso que me encanta y va genial es tener frases bajo la manga, preparadas para cuando el miedo aparezca (en ti o en los demás). Te ayudará a hacerlo consciente, más pequeño y, por tanto, más transitable. Y los demás te lo agradecerán:

- «¿Sabes? Yo soy más grande que mi miedo, por eso voy a hacerlo». Serás su ejemplo.

- «La valentía no es no tener miedo, es tenerlo y aun así hacerlo». Les darás perspectiva.

- «¿Quién está tomando esta decisión, tu miedo o tú?». Tomarán consciencia.

- «¿Sabes? Cuando lo haces, el miedo te deja en paz». Los tranquilizarás.

- Si te dicen: «¿Y si fallo y no consigo el cliente?». Contesta: «¿Y si no?». Te sonreirán agradecidos.

- «Puedes sentir lo que quieras, pero no hacer lo que quieras con lo que sientes». Pondrás un límite claro que nadie debería traspasar, el del respeto a los demás.

- «¿Qué te estás perdiendo en nombre del miedo y durante cuánto tiempo?». Los harás pensar.

- «No permitiré que el miedo gane la partida a nuestra familia. Somos valientes». Lo recordarán siempre. ☺

«Hoy he hecho mi miedo más pequeño y mi valentía más grande», me dijo Martina, de seis años. Y si una niña de seis años puede, ¿no vamos a poder nosotros? Se trata de entrenarnos poco a poco y con intencionalidad, de manera divertida y amena. Si eres consciente de tu miedo, lo afrontas en una actividad, por ejemplo, y ves que lo haces más pequeño, la valentía sale en tu ayuda. Y ahí justamente es donde tu valentía empieza a hacerse grande, como le pasó a Martina. Y lo bueno es que una vez que sabes cómo conseguirlo, solo tienes que repetirlo con tus otros temores, pues la fórmula es la misma. ☺

20

Vivir como las flores

> El viaje más difícil de todos es el de los cuarenta centímetros.

La mente, el disimular y hacer ver, la perfección, la máquina de hacer y hacer todo el día, la agenda repleta, llegar a todo, cumplir con todos. **Y el corazón**, lo escondido, la habitación desordenada y oscura, los cristales rotos, el alma guardada en el último cajón, lo que sientes, la autoestima maltrecha, la utopía, la valentía, la calma, el segundo día más importante de tu vida... la autenticidad que no es una característica, eres tú. No se trata de combatir ni de obviar la mente, se trata de **localizar el corazón**, unirlos y que trabajen juntos y en equipo de manera inteligente.

El viaje más difícil de todos es el de los cuarenta centímetros, que son los que separan (o unen) la cabeza con el corazón. Y lo realizamos, el viaje, quiero decir, con 1.384 niños y niñas de tres a catorce años durante el verano de 2021.

Lucia, de once años, nos contó: «Para hacer el viaje de cuarenta centímetros, correr y ser libre, quise quemar el miedo, las obligaciones impuestas y la tristeza. Cuando lo hice, me sentí mucho mejor y pesaba mucho menos. Quiero volar libre siempre».

No voy a explicar este viaje que une la mente y el corazón, me quedo con las palabras de Lucia porque lo dicen todo: «Volar libre siempre».

La sociedad, la cultura, el sistema educativo y las creencias llevan siglos separándonos por dentro, pero ¿para qué? Hasta los niños están divididos y sienten que nadie los prepara ni les enseña a abordar este fascinante viaje, el de unir mente y corazón, para sentirse ligeros y con la fuerza suficiente para perseguir sueños y utopías. No hacer este viaje es terrible, no solo para cada uno de nosotros, sino también para el mundo entero, porque se están perdiendo un montón de talentos, esos que solo nacen de la autenticidad de las personas.

El miedo en cualquiera de sus dimensiones no nos deja en paz, nos invade en casa, en el trabajo y con los amigos. De hecho, cada vez que disimulamos es una prueba ello, pues el temor está detrás del «hacer ver». Cuando se viven circunstancias duras es más que natural, diría que casi inevitable, estar rodeados de miedo. Pero quedémonos con que hemos conseguido sostener a nuestra tribu, y con ella al país entero. No nos sintamos culpables, porque no hacía falta hacerlo perfecto. ¿Sabes? **Todo está bien.**

Tras entender lo que hemos vivido, ahora toca ocuparse

de tener nuestra habitación un poquito más ordenada e iluminada. Recuerda que si hay más luz y notas tu cuerpo más ligero, es que ya has empezado el viaje. Conoces el sendero para llegar, unir y conectar, préstale un poquito de atención cada día y no se te olvidará.

Y el siguiente paso no tiene tanto que ver contigo como con los demás, con los que no se sienten bien, los que siguen irascibles, enfadados, atemorizados o frustrados. Hablo de las personas grises que nos disparan al corazón para aliviar su dolor. Cuando te encuentres con una de ellas, ¡vive como las flores!

Por si no sabes cómo viven, te lo explico. ☺ Como habrás advertido, las flores necesitan abono para crecer. El abono es estiércol (heces de animal), lo cual es sucio y tóxico, y además huele bastante mal. Pero fíjate en un detalle: los pétalos de las flores son suaves y aromáticos, no huelen mal ni tienen manchas de suciedad; de hecho, son limpios, de colores vivos, brillantes e impolutos. Las flores más bellas crecen en el estiércol, pero no absorben nada que pueda dañarlas, mancharlas ni cambiar su dulce olor, solo se quedan con lo que las ayuda a crecer brillantes y vigorosas, deslumbrándonos con los paisajes maravillosos que crean.

En este último capítulo te invito a ser tan inteligente como las flores, las plantas y los árboles del bosque, que llevan toda la vida absorbiendo solo lo que los alimenta, y nunca se quedan con lo que les hace daño, los cohíbe o les da inseguridad.

¿Quieres vivir como las flores a partir de ahora?

Cuando haya toxicidad a tu alrededor (un cliente enfadado, por ejemplo), pon atención en lo que estás absorbiendo y quédate solo con lo que te haga crecer y brillar, y el resto (el miedo, la envidia, la ansiedad, que te hagan sentir culpable, etcétera) déjalo fuera, ponte la tapa y no te lo lleves a casa. Y si explicas el truco en la oficina, tal vez ¡todos se apunten al reto! ☺

Y para acabar, voy a contarte una historia real que pasó en La Granja de Barcelona. La protagonista se llamaba Júlia y tenía doce años. Vino de excursión con su clase de primero de la ESO, y cuando le pregunté: «¿Qué te llevas de hoy?», me contestó: «Descalza en el bosque he sentido como si todo el mundo desapareciera, y solo existiéramos el bosque y nosotros en el universo».

Con los ojos vendados, Júlia descubrió que el bosque tenía un olor que la calmaba, que su miedo desaparecía cuando cogía la mano de una compañera, y que había momentos en que el silencio era tal que podía escuchar su respiración, más profunda y sosegada. Descalza, notó que el suelo no estaba frío, ni tampoco caliente, y que la naturaleza no era peligrosa. Ahora podía sentir, respirar y sonreír. Era libre, a pesar de no ver nada. Nadie le había dicho que la **libertad** podía encontrarse acariciando una mano amiga o confiando en sus pies desnudos.

Júlia pudo sentir la vida sin juzgarla. Y justo en aquel instante, como explicó, todo desapareció, y en el universo solo quedaron ella, sus compañeros y el bosque, que esta vez, a pesar de llevar los ojos vendados, sí había visto, pero por dentro, que es cuando de verdad se ven las cosas.

Deseo brindar por un mundo donde el propósito sea **sentir la vida y ver de verdad.**

Conclusión

Para brillar tú, no necesitas apagar la luz de los demás

Lo veo constantemente no solo en los equipos de las empresas, sino también en las escuelas y los institutos: **para brillar tú, no necesitas apagar la luz de los demás.** Quien lo hace, quien se dedica de manera consciente o inconsciente a ir apagando a los que le rodean, debería saber que se halla bajo el yugo del miedo y, por tanto, muy lejos de la paz y el equilibrio emocional. Y además también está destruyendo el planeta.

El temor a fallar o a no ser el mejor se esconde tras este comportamiento, pues la frustración por no cumplir con las expectativas le oprime, y la impaciencia por alcanzar rápidamente su meta, no sea que alguien se la quite, le persigue por las noches. La desconfianza le hace sentirse amenazado casi por cualquier comentario, por lo que suele estar a la defensiva. Y una baja autoestima, la de no sentirse merecedor de ser querido si no consigue esto o aquello, le hostiga en su caminar por la vida. Ha confundido su éxito con su identidad, y eso asusta y hace sufrir muchísimo. Recuérdalo siempre:

somos mucho más que nuestro éxito, y también somos mucho más que nuestro fracaso. Somos mucho más de lo que conseguimos, pues eso es solo una pequeña parte. ¡No te pierdas el resto! ☺

Hay personas que brillan (actores, deportistas, científicos, famosos, escritores, youtubers, compañeros de trabajo, parejas, amigos…) y nos encanta acercarnos a ellas porque nos proyectan un poco de su luz, y eso nos ilumina también a nosotros. Tal vez muy poquito, pero suficiente para **sentir que se nos ve**.

Te propongo lo siguiente: imagina que entras en una sala llena de gente, está a oscuras excepto en el centro, donde hay una persona iluminada que brilla con luz propia. Todos la miran, todos la escuchan embelesados, y las personas que están en primera fila se sienten honradas de recibir parte de esa luz que ella irradia. Ahora imagina que entras en otra sala, también llena de gente, pero no está a oscuras porque casi todas las personas que hay dentro están iluminadas, cada una por su propia luz. Hay gran variedad de colores, ya que, al ser cada persona diferente, las tonalidades son también dispares. Con estos dos escenarios, la pregunta es: «¿En cuál de las dos salas te quedarías y por qué?».

Tú puedes brillar, por supuesto, esa es la finalidad de este libro, que el miedo y su enorme poder no te lo impidan, pues ya sabemos que nos paraliza y nos amedrenta. Pero eso no conlleva apagar a nadie. Yo trabajo en un lugar donde se puede sobresalir, donde hay permiso para ello, y donde el único impedimento suele ser el propio temor, el no creérselo. Y es brutal estar en un espacio donde los que te rodean lucen y encima sientes que se te ve. De hecho no hay sombras, es todo lo contrario, porque sabemos que nadie sabe tanto como todos juntos, y si tú destacas en algo y yo estoy a tu lado, eso me hace mejor a mí, y al revés. Juntando los puntos fuertes de cada uno se ilumina la habitación entera. Y con cada luz que se enciende, ¿sabes qué pasa?, que estamos encendiendo **la luz del mundo**, que buena falta nos hace, pues se ha ido apagando progresivamente. Y es que cada vez que alguien está enfadado, frustrado, quejoso, apático o es egoísta, se vuelve gris. Y tanta gente gris ha acabado oscureciendo nuestro maravilloso planeta. Por eso he dicho al principio que apagar a los demás supone destruir el planeta. Y así no es fácil vivir, ¿verdad?

Es posible que las emociones negativas nos rodeen más que nunca, siendo el miedo inconsciente uno de los grandes protagonistas. Y tener herramientas para regular todas estas emociones es imprescindible y urgente para dejar de hacernos daño los unos a los otros.

Un mundo valioso nace de sus habitantes, de que cada uno se sienta valioso o valiosa.

¿Quizá la sabiduría es dejar de quejarse, de ser egoísta, de criticar o de ser víctima de las circunstancias? ¿Quizá es dejar de estar enfadados, de hacer la peor interpretación posible o de envidiar a los demás para centrarnos en nosotros y en toda la luz que llevamos dentro?

Solo brillando tú, puedes hacer que el mundo brille. En realidad, todo empieza por ti y por mí.

Querido amigo o amiga, es momento ya de despedirse, pero antes quisiera pedirte algo... que recuerdes siempre que respetar es contar la verdad. Y respetarnos es contárnosla a nosotros mismos, es bajar de nuestro pedestal para darnos cuenta de que sí, somos vulnerables, y es fácil herirnos incluso con nuestra gruesa armadura puesta, esa que disimula cualquier sensibilidad. Eso asusta y da miedo, por supuesto, pero tenemos la capacidad de regular lo que sentimos para tenerlo bajo control y ser nosotros, tú y yo, los que tomemos las decisiones de nuestra vida.

Que el miedo no te arrebate lo más preciado que tienes y siempre tendrás: ser tú. ☺

De todo corazón,

CRISTINA

Agradecimientos

Tengo mucho que agradecer, son tantas las personas que están pasando por mi vida que no sé ni por dónde empezar.

Gracias a Xavi, compañero de viaje y el amor de mi vida, por comprender mi pasión por la educación emocional y mi compromiso con mis niños y niñas y todas las personas que pasan por La Granja.

Gracias a mis hijos. Alexandra, gracias por tu valentía y tu entrega en el proyecto de La Granja, del cual ahora eres parte y sucesora, ¡me siento tan tranquila contigo al lado...! Y Sergi, mi pequeño, que se ha convertido en todo un hombre, auténtico y decidido, ¡te admiro muchísimo! Os dedico este libro con todo mi amor. No olvidéis nunca que lo contrario del miedo es ¡el amor! ☺

Gracias a mis hermanas, Susana y Silvia, y a mis padres, por estar siempre ahí. Sois mis raíces, fuertemente arraigadas, y eso me da fuerza.

Gracias a mi superequipo de La Granja, tanto de Barcelona como de Madrid y de Andorra. Sois mi familia, os quiero y os admiro, me gusta teneros cerquita, abrazaros y hablar de todo como lo hacemos. Es tan bonito ir a trabajar a un lugar donde hay personas inteligentes, comprometidas y humanas como vosotras, ¡moláis mogollón! ☺

Gracias a mi Editorial Grijalbo y en especial a Laura Álvarez. Gracias a mi agente, Maru de Montserrat, de Internacional Editores, y a Miriam Iglesias. Gracias a las tres por creer en mí, por animarme a escribir y apoyarme en todo.

Gracias a esas personas maravillosas que se me acercan, me animan y quieren hacer cosas para cambiar la educación, como Sandra Camós y todo el equipo de la Fundació Princesa de Girona, por ser tan de verdad y por abrirme puertas y querer liarla juntos. A Sandra Rodríguez, de la UNESCO, por ser tan bonita en todos los sentidos. A Rafael Bisquerra, por haber creído en mi durante más de diez años, y por ser alguien adorable que viene a La Granja para formarnos. A Nuria Pérez, del GROP de la Universidad de Barcelona, amiga entrañable y la mejor investigadora del mundo mundial, ¡eres la bomba y me encantas! A Manel Armengol, director del Máster de Liderazgo de la Universidad de Girona, por animarme siempre y ser mi confidente durante estos duros años de pandemia. A todo el equipo de la Universidad Complutense de Madrid, por luchar incansablemente por que los cinco Estadios de Educador/a Emocional lleguen a los docentes de la Comunidad. A la dirección de Naturland de Andorra, Xabi y Miquel, por creer que juntos podemos hacer el mundo mejor. Al Ministerio de Educación de Andorra, por confiar en mí y apostar por el proyecto de La Granja Andorra Pirineos. Al equipo con el que colaboro del Ministerio de Educación y Ciencia de España, por querer hacer algo distinto. A sor Lucia Caram, por apoyarme siempre y mover lo que haga falta para que el EMOTOUR siga siendo una realidad. A Johanna, de la asociación internacional Make Mother Matter, por pensar en grande y contar conmigo para que los recursos de la Educación Emocional lleguen a cincuenta países. A Adriana y Estefanía, de la Fundación Botín, por buscar siempre la excelencia. A Lorena y Cristina, de UNICEF España, por ser Amor en mayúsculas. A Laura Pérez, de Sapos y Princesas, por darme la oportunidad de ser vuestra colaboradora y poner mi granito de arena para que los recursos de la Educación Emocional Aplicada sean accesibles a todo el mundo. A PIMEC, por contar conmigo en la Comisión Mujer y Empresa liderada por María Teixidor, y a la Comisión Vallés Oriental, con Daniel Boil como presidente. Y gracias a todas las personas que me escribís, me apoyáis, me abrazáis y me ayudáis a mejorar, porque os necesito. ☺

A Eva Bach y Jordi Amenós, amigos y compañeros de EMOTOUR, el ciclo de conferencias de Educación Emocional gratuito y exclusivo para docentes. Gracias, porque me encanta teneros cerca. Formamos un superequipo, divertido y lleno de amor, ¿verdad?

A mis queridísimos maestros y profesores que venís a La Granja. GRACIAS con letras enormes. Sin vuestra confianza durante más de treinta y nueve años, hoy no estaría escribiendo este libro. He aprendido muchísimo de vuestra humildad, vuestra honestidad, vuestra rigurosidad y vuestra generosidad. ¡No tengo palabras! Quiero que sepáis que sois mi ejemplo y os admiro. GRACIAS de verdad.

A los papás y mamás de mis niños y niñas, gracias por vuestra eterna confianza (incluso durante la pandemia) y por vuestros abrazos llenos de gratitud, y también por esas conversaciones, a veces llenas de preocupación, otras repletas de orgullo y alegría, pero siempre juntos y entendiendo que somos un equipo.

A los grupos de empresas y organizaciones, esos adultos que me habéis robado el corazón. Mis jabalíes luchadores, mis valientes leones que buscáis la excelencia y, quitándoos la armadura, habéis emergido sin miedo mostrando vuestra vulnerabilidad. Sois mis niños y niñas mayores, brillantes, únicos y especiales. ¡Gracias por confiar en La Granja!

Y por último, GRACIAS a mis niños y niñas de La Granja. Sois mi fuerza, mi talismán, los que alimentáis mi pasión y mi perseverancia. Simplemente os adoro y sabed que ¡¡¡me encantáis!!! ☺ Os merecéis mi lucha y todas y cada una de las horas que hay detrás. Sé que los adultos no lo hemos hecho muy bien, perdonadnos, perdonadme, porque tendréis que arreglar el mundo que os estamos dejando. Trataré de trabajar al máximo el tiempo que me queda para que estéis más preparados para vuestra importante misión. ¡Recordad que podréis! Sí, vosotros y vosotras ¡lograréis lo que nosotros no pudimos! GRACIAS desde lo más profundo de mi corazón.

«Para viajar lejos no hay mejor nave que un libro».

Emily Dickinson

Gracias por tu lectura de este libro.

En **penguinlibros.club** encontrarás las mejores
recomendaciones de lectura.

Únete a nuestra comunidad y viaja con nosotros.

penguinlibros.club